W0089819

LITERARISCHES BERLIN

LITERARISCHES
BERLIN

LEKTÜRE EINER STADT

THIELE VERLAG

INHALT

BERLINER
LUFT

BERLIN

Berlin, du deutsche deutsche Frau
Ich bin dein Hochzeitsfreier
Ach, deine Hände sind so rauh
von Kälte und von Feuer.

Ach, deine Hüften sind so schmal
wie deine schmalen Straßen
Ach, deine Küsse sind so schal
ich kann dich nimmer lassen.

Ich kann nicht weg mehr von dir gehn
Im Westen steht die Mauer
Im Osten meine Freunde stehn,
der Nordwind ist ein rauher.

Berlin, du blonde blonde Frau
Ich bin dein kühler Freier
dein Himmel ist so hunde-blau
darin hängt meine Leier.

—— WOLF BIERMANN

TOPOGRAPHIE DER STADT

Berlin gilt als unhistorische Stadt. Tatsächlich fehlt seinem Namen alle wohltätig-dampfende Patina. Doch die Chronica principum Saxoniae erwähnt es bereits 1280 als Stadt, und im »Hamburger Schuldbuch« sind um 1300 regelmäßige Lieferungen berlinischer Groß-händler verzeichnet, die Roggen und Holz elbabwärts verschifften. – Askanier waren die Herren der Mark. Ihnen folgten im 15. Jahrhundert die Hohenzollern, aus Schwaben gebürtig, nun vom Kaiser als Markgra-fen im Grenzland bestallt. In Preußen müsse man sich großhungern, hieß es früher. Auch die Hohenzollern kamen samt ihrer Stadt Berlin nur langsam vorwärts. Doch sie rührten sich kräftig, und mit ihnen stieg Ber-lin die feudale Leiter über die Stufen einer kurfürst-lichen, dann königlichen Residenz zur kaiserlichen em-por. Seit langem ist also in Berlin Geschichte gemacht worden: märkische, preußische, schließlich deutsche Geschichte. Und heute? Als Akteur ist die Stadt ab-getreten, dafür wurde sie Objekt der Geschichte – im Weltmaßstab.

Geläufig und ebenso halbwahr ist die Meinung von dem nicht sonderlich schönen Berlin. Gegründet in einem Bruch aus Sand und Sumpf, durch das Spree und Havel schleichen, ist es noch heute eine Stadt, durchsetzt von Flußläufen und Kanälen und fast bis in die City hinein von weiten Wasserflächen erhellt. Erstaunt wird sich oft der Fremde, der aus reicherer, verwöhnter Landschaft kommt, einer Schönheit bewußt, von der er nichts ahnte. Kein malerischer, eher ein »graphischer« Reiz. Karg, spröd die Formen, hart das Licht, wenig Farbe: Akazien, Birken, hell, »luftig« im Föhrengestänge; die raffiniert-sparsame Silhouette einer allein stehenden Kiefer – und dann das Glück, tagelang mit dem Segelboot unterwegs zu sein, von einem See in den nächsten zu gleiten, eine Weltstadt zu umrunden, einzusinken in tiefste Stille unmittelbar neben hektischer Turbulenz!

Vergeblich aber sucht der Fremde in Berlin nach den halbverborgenen, halbverschwiegenen Zeugen dahingesunkener Zeit. Wahrscheinlich hat es den schönen Giebel, das Tor, den Brunnen auch hier gegeben. Doch es wurde fortgewischt, überrollt vom sprunghaften Wachstum der Stadt. Kein Konservator hat den warnenden Zeigefinger gehoben. 1648 hatte Berlin 5.000 Einwohner, 1871 fast eine Million, 1939 über vier Millionen.

Trotzdem besitzt Berlin seine »dekorative Achse«. Oder besaß sie wenigstens! Bei einiger Großzügigkeit konnte man sie vom Schloß an der Spree, über die

»Linden«, durch das Brandenburger Tor, durch den Tiergarten, den Kurfürstendamm hinab, an dem Wannsee vorbei bis zu Friedrichs graziös-elegantem Sanssouci in Potsdam verfolgen. Das Stadtschloß, ein mächtiger Würfel, in seinen besten Teilen von dem genialen Schlüter inspiriert, hat doktrinärer Unverstand gesprengt und geschleift. Doch es blieben im Westen als festliche Akzente Schlösser wie Charlottenburg, Bellevue oder das Humboldtsche Tegel, und es blieben, ungefähr dem Zug der »Linden« folgend, einige Palais, Museen, Theater; es blieb die Alte Bibliothek, die Universität, das Zeughaus und die Neue Wache – Bauten, für die als Architekten neben Schlüter Baumeister wie Boumann, Gerlach, Knobelsdorff und Schinkel zeichnen. Barock und Klassizismus sind die zuständigen Stilbegriffe, und zwar beide in einer strengen, verhaltenen, spartanischen Spielform.

1945 war Berlin ein rauchendes Trümmerfeld, eine apokalyptische Landschaft. Zuvor, bis in die dreißiger Jahre hinein, die agilste, modernste deutsche Stadt von radikaler Weltoffenheit. Sitz der Regierung, hochindustrialisiert, Knotenpunkt des gesamten Verkehrs, Metropole der Banken, der Presse, des Films, der Künste, der Wissenschaften: ein Tummelplatz der Begabungen. In Berlin war jedes Experiment möglich, hier wurde jede Leistung honoriert, hier entschied das hellwache kritische Publikum über den Stellenwert eines Talents. Eine herrische, laute, blitzende Stadt; eine knisternde, amüsante, schillernde, auch riskante Atmosphäre.

Und jetzt? Auf jeden Fall reduziert, in eine absurde Lage hineinmanövriert: der Westen in die Insellage, der Osten unter das scharfe Reglement einer alleinseligmachenden Ideologie. Ein Organismus wurde zerschnitten, eine Bevölkerung – hier befragt, dort ungefragt – zum Repräsentanten der jeweiligen Machtsphäre deklariert. Von diesem grotesken Hintergrund her gesehen, ist hüben und drüben viel geleistet worden. Die »Hälften« funktionieren beinahe normal, als ob jede ein Ganzes wäre. Erstarkende Industrien sind Lebensgrundlage der immer noch volkreichsten Stadt Deutschlands. Drei Flugplätze im Westen sind die sicherste Verbindung zur Außenwelt. Ein vierter gehört zu Ostberlin. Allabendlich öffnen zehn östliche und zwölf westliche Theater ihre Tore, zwei westliche Opernhäuser, ein östliches versuchen das alte Niveau zu halten. Neue Konzerthallen, große Orchester kommen hinzu. Jede Seite besitzt bedeutende Museen, hat die eigene Universität samt Bibliotheken, Akademien und Fachhochschulen. Zu dem altberühmten Westberliner »Zoo« ist im Osten ein vorzüglicher Tierpark getreten. Hüben und drüben wird heute sorgfältig restauriert, was Bomben übrigließen und restaurationswürdig ist. Erklärte Stadtmitte Ostberlins ist der Alexanderplatz. Betont wendet man dem Westen den Rücken. Die »Linden« enden als Sackgasse, Potsdamer Platz und Leipziger Straße sind traurige Öde. Dagegen versucht Westberlin, unverzagt, in der Hoffnung auf ein Ende des widernatürlichen Zustandes, mit Gebäuden wie der Kongreßhalle oder Scharouns Philharmonie gerade die Mauerzone zu beleben. Die eigene City, der »Kudamm«, glitzernd, verwegen, verwöhnt, ist schon längst wieder der mondäne Boulevard einer Metropole.

Hüben und drüben haben die Bomben unter den Mietskasernen, den miesen Hinterhöfen, dem »Milljöh« aufgeräumt. Eine Chance, die genutzt wird – nicht immer vorbildlich, oft aber doch erfreulich. Das Hansaviertel war der Auftakt. Unterdessen gleicht Westberlin einem Musterbuch moderner Architektur. Zögernd folgt der Osten. Doch auch dort hat man sich nach dem Monumental-Barock-Kitsch der Stalinallee zum sachlichen Betonbau durchgerungen. Auf beiden Seiten wächst aus dem zerstampften Boden eine hellere, aufgelichtete Stadt, mit viel Grün, mit breiten Straßen, weiten Plätzen, geräumiger als viele Städte der Bundesrepublik.

Diese neue Stadt ist eine Leistung der Berliner. Einen verwegenen Menschenschlag nennt sie Goethe, der viel Selbstvertrauen, Witz und Ironie besäße, und Theodor Heuss meint, daß dieser »Berliner« wiederum eine Leistung ganz Deutschlands sei. Aus allen Teilen des Landes waren sie der saugenden Mitte zugewandert, und zwar die Tüchtigsten, die Mutigsten. Darum haben alle Provinzen an der »Berliner Legierung« teil – vielleicht auch das einer der Gründe, daß dieses Berlin, seit es die gefährdete Hauptstadt im Exil ist, der Liebe der Deutschen gewiß sein kann – was zuvor keineswegs immer der Fall war ...

—— RUDOLF KLASING

BERLIN! BERLIN!

Über dieser Stadt ist kein Himmel, ob überhaupt die Sonne scheint, ist fraglich; man sieht sie jedenfalls nur, wenn sie einen blendet, will man über den Damm gehen.

Über das Wetter wird zwar geschimpft, aber es ist kein Wetter in Berlin.

Der Berliner hat keine Zeit. Der Berliner ist meist aus Posen oder Breslau und hat keine Zeit. Er hat immer etwas vor, er telefoniert und verabredet sich, kommt abgehetzt zu einer Verabredung und etwas zu spät – und hat sehr viel zu tun.

In dieser Stadt wird nicht gearbeitet – hier wird geschuftet. (Auch das Vergnügen ist hier eine Arbeit, zu der man sich vorher in die Hände spuckt und von dem man etwas haben will.) Der Berliner ist nicht fleißig, er ist immer aufgezogen. Er hat leider ganz vergessen, wozu wir eigentlich auf der Welt sind. Er würde auch noch im Himmel – vorausgesetzt, daß der Berliner in den Himmel kommt – um viere »etwas vorhaben«.

Manchmal sieht man Berlinerinnen auf ihren Balkons sitzen. Die sind an die steinernen Schachteln geklebt, die sie hier Häuser nennen, und da sitzen die Berlinerinnen und haben Pause. Sie sind gerade zwischen zwei Telefongesprächen oder warten auf eine Verabredung oder haben sich – was selten vorkommt – mit irgend etwas verfrüht – da sitzen sie und warten. Und schießen dann plötzlich wie der Pfeil von der Sehne – zum Telefon – zur nächsten Verabredung.

Diese Stadt zieht mit gefurchter Stirne – sit venia verbo! – ihren Karren im ewig selben Gleis. Und merkt nicht, daß sie ihn im Kreise herumzieht und nicht vom Fleck kommt.

Der Berliner kann sich nicht unterhalten. Manchmal sieht man zwei Leute miteinander sprechen, aber sie unterhalten sich nicht, sondern sie sprechen nur ihre Monologe gegeneinander. Die Berliner können auch nicht zuhören. Sie warten nur ganz gespannt, bis der andere aufgehört hat zu reden, und dann haken sie ein. Auf diese Weise werden viele Berliner Konversationen geführt.

Die Berlinerin ist sachlich und klar. Auch in der Liebe. Geheimnisse hat sie nicht. Sie ist ein braves, liebes Mädel, das der galante Ortsliederdichter gern und viel feiert.

Der Berliner hat vom Leben nicht viel, es sei denn, er verdiente Geld. Geselligkeit pflegt er nicht, weil das zuviel Umstände macht – er kommt mit seinen Bekannten zusammen, beklatscht sich ein bißchen und wird um zehn Uhr schläfrig.

Der Berliner ist ein Sklave seines Apparates. Er ist Fahrgast, Theaterbesucher, Gast in den Restaurants und Angestellter. Mensch weniger. Der Apparat zupft und zerrt an seinen Nervenenden, und er gibt hemmungslos nach. Er tut alles, was die Stadt von ihm verlangt – nur leben ... das leider nicht.

Der Berliner schnurrt seinen Tag herunter, und wenn's fertig ist, dann ist's Mühe und Arbeit gewesen. Weiter nichts. Man kann siebzig Jahre in dieser Stadt leben, ohne den geringsten Vorteil für seine unsterbliche Seele.

Früher war Berlin einmal ein gut funktionierender Apparat. Eine ausgezeichnet angefertigte Wachspuppe, die selbsttätig Arme und Beine bewegte, wenn man zehn Pfennig oben hineinwarf. Heute kann man viele Zehnpfennigstücke hineinwerfen, die Puppe bewegt sich kaum – der Apparat ist eingerostet und arbeitet nur noch träge und langsam.

Denn gar häufig wird in Berlin gestreikt. Warum –? So genau weiß man das nicht. Manche Leute sind dagegen, und manche Leute sind dafür. Warum –? So genau weiß man das nicht.

Die Berliner sind einander spinnefeind. Wenn sie sich nicht irgendwo vorgestellt sind, knurren sie sich in der Straße und in den Bahnen an, denn sie haben miteinander nicht viel Gemeinsames. Sie wollen voneinander nichts wissen, und jeder lebt ganz für sich. Berlin vereint die Nachteile einer amerikanischen Großstadt mit denen einer deutschen Provinzstadt. Seine Vorzüge stehen im Baedeker.

In der Sommerfrische sieht der Berliner jedes Jahr, daß man auch auf der Erde leben kann. Er versucht's vier Wochen, es gelingt ihm nicht – denn er hat es nicht gelernt und weiß nicht, was das ist: leben – und wenn er dann wieder glücklich auf dem Anhalter Bahnhof landet, blinzelt er seiner Straßenbahnlinie zu und freut sich, daß er wieder in Berlin ist. Das Leben hat er vergessen.

Die Tage klappern, der Trott des täglichen Getues rollt sich ab – und wenn wir nun hundert Jahre dabei würden, wir in Berlin, was dann –? Hätten wir irgend etwas geschafft? Gewirkt? Etwas für unser Leben, für unser eigentliches, inneres, wahres Leben, gehabt? Wären wir gewachsen, hätten wir uns aufgeschlossen, geblüht, hätten wir gelebt –?

Berlin! Berlin!

Als der Redakteur bis hierher gelesen hatte, runzelte er leicht die Stirn, lächelte freundlich und sagte wohlwollend zu dem vor ihm stehenden jungen Mann: »Na, na, na! Ganz so schlimm ist es denn aber doch nicht! Sie vergessen, daß auch Berlin doch immerhin seine

Verdienste und Errungenschaften hat! Sachte, sachte! Sie sind noch jung, junger Mann.«

Und weil der junge Mann ein wirklich höflicher junger Mann war, wegen seiner bescheidenen Artigkeit allgemein beliebt und hochgeachtet, im Besitze etwas eigenartiger Tanzstundenmanieren, die er im vertrauten Kreise für gute Formen ausgab, nahm er den Hut ab (den er im Zimmer aufbehalten hatte), blickte gerührt gegen die Decke und sagte fromm und fest: »Gott segne diese Stadt!«

—— KURT TUCHOLSKY

VON BERLIN KOMMT MAN NICHT LOS

Seit zwanzig Jahren geht das nun schon. Seit zwanzig Jahren versuche ich immer wieder, mir einzureden, wie gut, wie klug, wie richtig es war, von Berlin wegzugehen, damals. Natürlich: Wenn man erwachsen, fertig, ausstudiert, also dreißig ist, dann sollte man, wie der Schläfer des Nachts, zwischen zwei Träumen erwachend, sich ruhig einmal auf die andere Seite legen. Ortsveränderung ist gut. Man sollte weggehen, das Leben anderswo suchen, zum Beispiel im goldenen Westen. Das tat ich mit dreißig, und ich muß heute, rückblickend, nach zwanzig Jahren Westen, einräumen: natürlich, bestimmt, ganz richtig: Anderswo ist es auch schön. Man kann auch in Hamburg, in Frankfurt, in München leben: erfolgreich und gar nicht schlecht. Nur: So ganz und gar froh, so richtig zu Hause, so vollkommen heimisch bin ich hier nie geworden. Etwas fehlt. Ich sage es einmal so ins Ungenaue: Von Berlin kommt man nicht los.

Nein, ich werde jetzt nicht die landesüblichen Glocken läuten, ich werde mich auch nicht hoch aufs deutsche Roß setzen, um unsere tapfere, unsere unvergängliche, sozusagen ewige Hauptstadt zu preisen. Ach, die Stadt ist in zwanzig Jahren von so vielen My-

then, Heldenlegenden und schlechtem Gewissen um-
stellt worden: Man schämt sich beinah, etwas zu ihrem
Lob zu schreiben. Die Frontstadt, die Insel der freien
Welt, das herrliche Glitzerding mit seinen prächtigen
Menschen, zum Beispiel den Taxifahrern. Klischees
liegen überall wie Bohnerwachstupfen auf dem Weg
nach Berlin. Man muß sich hüten, da auszurutschen,
und schließlich und endlich: Wer hat denn nicht sei-
nen Koffer noch in Berlin, seine heimliche Liebe zum
Kudamm, zur Spree – nicht wahr? Also nur das nicht.
Das sollte man ruhig dem schlechten Gewissen der
Bonner oder der schönen rauchigen Stimme der Knef
überlassen. Ich will mich an kleinere, verläßlichere
Dinge halten. Was ist denn mit dir und Berlin?

Also zum Beispiel auf Reisen, unterwegs auf der
Autobahn. So kann es wohl nur einem alten Berliner
ergehen, der nun eben in Frankfurt lebt? Jedesmal,
wenn ich im Ausland auf einen Wagen mit dem großen B stoße, gibt es in mir eine kleine, aber deutliche
Reaktion, sozusagen einen winzigen Stich ins Herz:
Siehst du da vorne das B? Mein Gott, die sind aus Berlin! Auf einem Parkplatz im letzten Sommer, es war in
der Provence noch hinter Orange, stand auch so ein
Wagen. Ich schlich mich heran, umkreiste den Wagen, drückte mich so herum, bis den Leuten darin gar
nichts anderes übrigblieb, als mit mir ein Gespräch zu

beginnen. Ich, der ich sonst eher unwirsch bis scheu bin, entwickele in solchen B-Situationen einen komischen und breitbeinigen Lokalpatriotismus. Ich frage nach diesem und jenem, wie denn der Wagen so läuft, wie es denn ginge durch die Zone, wohin sie dann wollten und woher sie denn eigentlich kämen – in Berlin. Aus Charlottenburg? Ja, Charlottenburg, das ist groß. Wo denn da in Charlottenburg. Dann gab es ein langes Gespräch über die Kantstraße und wie sie sich von der Wilmersdorfer Straße unterscheidet. Ich konnte mit gewissen Lokalkenntnissen aufwarten. Ich war richtig stolz, mich vor Berlinern noch als Berliner ausweisen zu können. Waren da auch Schuldgefühle, Komplexe des Neufrankfurters im Spiel? Also gute Fahrt dann! Man drückt sich fester, so richtig deutsch, die Hände: Und grüßen Sie mir Berlin recht schön, nicht wahr!

Natürlich weiß ich genau, woher diese merkwürdige und breitbeinige Aufdringlichkeit bei mir kommt: Ich sehne mich manchmal nach ihrer Sprache. Ich vermisse sie. Ich habe in zwanzig Jahren nun so viel Badisch und Hessisch und Bayerisch zu hören bekommen, weich, warm und lieb, daß ich immer in ein helles Entzücken gerate, wenn ich ihre magere und gallige Sprache höre. Es liegt so etwas Trockenes, vollkommen Nüchternes, so etwas witzig Direktes in ihrem

Tonfall, das mich heimisch anweht. Sie haben so eine Art, mit einem Anflug von spröder Schnoddrigkeit die Dinge vom hohen Podest frech herunterzuholen, die mir liegt und gefällt. Berliner Mutterwitz, Sarkasmus und Galle mit Herz: die kleinen Messer der Sprache, sehr liebevoll – also das zum Beispiel vermisse ich hier. Denn Sprache ist ja immer viel mehr als nur Sprache. Sie signalisiert eine Art dazusein.

Soll ich nun weiter sagen: Das Großzügige, das Urbane, das wirklich Hauptstädtische im Berliner Straßensystem, das vermisse ich hier? Es ist immer noch ein Vergnügen, in Berlin Auto zu fahren, trotz aller Mauern. Hier im Westen hockt noch soviel Mittelalter, Kleinstadtromantik, Butzenscheibenkultur: Ein Gefühl von Enge und Fürstentum Liechtenstein bleibt hier im Westen, das man in Berlin, der Inselstadt, kurioserweise nicht spürt. Soll ich sagen: Ich als Berliner vermisse hier in unserem Rheinstaat manchmal die Küche meiner Kindheit, also die meiner Mutter? Ich habe mir öfters mit Spätzle und Knödel und all dem Mehlspeisenzeug den Magen verdorben und sehne mich manchmal nach der strammen und derben Küche Preußens: Salzkartoffeln mit Soße, mit viel Kohl und Buletten dazu. Soll ich schließlich das Klima heranziehen, klagen, daß es mir hier im Sommer oft zu heiß und drückend, so ekelhaft schwül ist? Ich brauche mehr das kühle und klare Wetter Berlins und komme, je älter ich werde, immer mehr zu der Erkenntnis, daß Sonne und Licht kulturschädlich sind, blaue und blöde Ferienverführungen. Im Nebel Londons, im Frösteln von Hamburg und in Berlins endlosen, dunklen Regentagen – erst da entstehen die Werke, die bleiben. Benn und Brecht hätten mich verstanden.

Motive, Argumente, Einzelbelege, zutreffend und richtig, aber, nicht wahr, so ganz überzeugen sie nicht. Es ist schwer auszumachen, was es nun wirklich ist. Sitzt es so tief? Ich fühle es mehr, als daß ich es beweisen könnte. Ich spüre einfach, daß da in dieser fernen, östlichen Stadt etwas ist, das mich geformt und geprägt, früh gebildet hat und von dem ich nicht freikomme – niemals.

Ich fahre also oft nach Berlin, mache manchmal meine Ferien dort: Die Stadt ist so groß und grün und schön zur Erholung, und jedesmal, wenn ich im Flugzeug über Magdeburg, Dessau hineinschwebe in dieses Havelland, jedesmal, wenn ich mit dem Wagen noch mitten in der DDR den «Berliner Ring» erreiche, spüre ich das – ja was? Schon das Wort «Berliner Ring» entzückt mich. Ich sehe Kiefernwälder, die hohen, federnden Föhren der Mark. Ich lese die alten Namen auf Ausfahrtsschildern: Lehnin und Potsdam, Werder und Königs Wusterhausen: Brandenburg, Fontanes

Zeit. Es rinnt der Sand und die Zeit: Kindheit, Erinnerung, das müßte man alles noch einmal durchwandern. Ich sehe die Wolken über der Stadt und dann den Stacheldraht, die spanischen Reiter, die Wachttürme, die vielen Zäune und dann die Avus und dann den Funkturm. Jetzt bist du endlich zu Hause. Berlin, was ist das?

Für mich ist es immer noch Deutschland, sein Schmelztiegel, seine geistige Mitte, seine spröde, märkische Mittelmäßigkeit: viele Ansätze, viele Aufschwünge und was da, verkorkst, so hängenblieb in unserer Geschichte: Aufklärung und französischer Geist, Urbanität und preußischer Drill, Liberalität und Muffigkeit, hier ist das alles zu besichtigen: vom Großen Kurfürsten bis zu den torteschleckenden Damen am Kurfürstendamm.

Es ist natürlich eine eigene, verbissene Art von Lokalpatriotismus bei mir, daß ich bei solchen Besuchen zunächst niemanden anrufe, nicht zu Hardtke oder zum Prälaten gehe. Ich gehe zunächst ganz allein zu Aschinger. Erst einmal hier sitzen zwei Stunden, in dieser verräucherten, überfüllten Kiesenbaracke an der Joachimstaler Straße, wo alles so rein- und rauswogt, was die City so anschwemmt. Berliner Gesichter studieren: diese hellen, frechen, flapsigen Gesichter der Jugend, die etwas bleicher und etwas weniger modern und schick wirkt als die Jugend in München oder Frankfurt. Sich nach Löffelerbsen mit Speck anstellen, den heißen Teller in der Hand nach den kleinen runden Brötchen grabschen, ein Schultheiss dazu. Das ist nun wirklich Berlin, sieh es dir an: Wie sich der Kellner, zerknittert und keß, durch die Leute schiebt, wie die alte Frau mit dicken Brillengläsern über ihrem Schweinebraten hockt, ihrem abscheulichen Spitz ab und zu einen Brocken zuwirft, wie die Zeitungsverkäufer müde schnarrend ihre Schlagzeilen vor sich hermeckern. Das ist die Stadt in all ihren Gebärden. Von so etwas kommt man nicht los.

Ja und dann, auch das ist wohl meine Art lokaler Verbissenheit, gehe ich auch immer rüber, jedesmal. Ost-Berlin gehört für mich einfach dazu. Das ist ja das Einmalige, das Unvergleichliche dieser Stadt, daß sie, wenigstens für mich, noch immer diese paar Übergänge zum anderen Teil Deutschlands offenhält. Hier wird nicht so getan, wie in München oder Frankfurt, als sei Deutschland intakt und heil und eigentlich unbeschädigt geblieben – nach Hitler. Hier spürt man etwas von unserer Misere – hautnah. Unter vielen S-Bahn-Bögen wandernd, kann man der Wahrheit begegnen, der Wahrheit unserer Geschichte. Zum Beispiel am Bahnhof Friedrichstraße, am Alexanderplatz oder so rund um die Warschauer Straße. Bitte, das sind auch die Berliner. Das sieht nun nicht mehr so grau in grau, so ganz trostlos aus. Auch Ost-Berlin wird heller, freundlicher, moderner, endlich. Wenn man von den Linden bis zum Alexanderplatz läuft, könnte man meinen, die Stadt sei wieder in Ordnung. Ein Zug von Verdrossenheit in den Gesichtern bleibt.

Also, was ist es? Warum kommt man von dieser Stadt nie ganz los? Ist es wirklich nur die Heimat, die Kindheit, das Stückchen Mutterboden: grauer Asphalt? Ich meine, es ist mehr: die Wahrheit unserer Geschichte. Hier sieht man das Reich und wie es zerbrach und wie sich daraus unter Schmerzen und vielen Verkrampfungen zwei deutsche Staaten bildeten. Berlin ist noch immer ihre Klammer, ihre Drehtür. Hier wird man einmal zueinander finden müssen. Ost und West haben in der Geschichte der Stadt so oft zueinander gefunden: Schlesien und Rheinland, Slawentum und der Geist Voltaires, östliche Leidensfähigkeit und westlicher Aktivismus: Beide zusammen erst haben die Stadt zu Berlin gemacht. Die Pole sind gar nicht neu. Sie werden sich in Deutschland nur in Berlin finden können – einmal.

Auch von so etwas: Gegenwart der Geschichte, kommt man nicht los – als Deutscher.

—— HORST KRÜGER

'NE DUFTE STADT IST MEIN BERLIN

Ich hab schon manche Stadt gesehn,
Ich war in Brüssel und Paris.
Auch London ist, ich muß gestehn,
In manchen Sachen gar nicht mies.
Auch Rom ist schön, das merken Blinde.
Gemütlich lebt es sich in Wien.
Doch ich ruf laut in alle Winde:
'ne dufte Stadt ist mein Berlin ...

Bei uns, da fließt die Spree so ruhig,
Wie sie nur immer fließen kann.
Von Zeit zu Zeit, jawoll, det tu ick,
Seh ick mir ooch die Panke an.
Und steh am Ufer ich der Panke,
Möcht gleich ich wieder Leine ziehn.
Bei dem Jestanke – nee, ick danke!
'ne dufte Stadt ist mein Berlin ...

Wenn sich zwei Kutscher mal beschimpfen,
Ruft einer oft dem andern zu:
»Mensch, laß dir mal mit Mostrich impfen,
Du Affenfatzke, Rindvieh, du!«
Drauf fängt dann jener an zu fluchen:
»Du Stiesel, sauf mal Terpentin!
Du kannst mir mal bei Kreuz besuchen!«
*   'ne dufte Stadt ist mein Berlin ...*

Will man im Monat Mai ins Grüne
Und fährt mit einem Vorortzug,
So hat man bald mit trüber Miene
De Neese voll und jrad genug.
Wenn dreißig im Coupé drin sitzen.
Und leis die Frühlingsdüfte ziehn,
Kann man vor Angst wie'n Affe schwitzen.
*   'ne dufte Stadt ist mein Berlin!*

—— F. W. HARDT

SKIZZEN AUS EINER STADT

Als mir zum erstenmal in Zehlendorf auf der Argentinischen Allee eine Kolonne Panzer entgegenrasselte, stockte mein Atem. US-Soldaten stehen aufrecht hinter schweren Maschinengewehren, einige machen Zielübungen, visieren Passanten an, Autos. An der Krummen Lanke – es ist kurz nach acht Uhr morgens – hängen die ersten Trinker herum. Gleich um die Ecke ist unter ungeklärten Umständen ein Anarchist ermordet und ein paar hundert Meter weiter ein hoher Politiker von Terroristen entführt worden. – Zehlendorf, wo ich zehn Jahre lebte, ist eine der stillsten Gegenden Berlins. Die Gegend der pompösen, aber auch der schönen Villen, der Waldseen und Halbinseln. Je südlicher im Stadtteil, je lieblicher, und doch ein Stück dieser Stadt; halbgesprengte und gesperrte Brücken. (Berlin soll mehr Brücken haben als Venedig und Amsterdam zusammen.)

Eine morose Stadt, immer nah am Wahnsinn, immer bedroht, nicht von sowjetischen oder amerikanischen Raketen oder DDR-Soldaten. Kollabieren von innen. Inversionswetter. Katastrophengeflüster allüberall. Und Lebenshunger. Eine Stadt für Flanierer, Connaisseure, und Andersartige. Wer Erotisches mag, hat als Heterosexueller weniger Chancen; König ist der

Transvestit, die gleichgeschlechtliche Liebe. Das offen Verdeckte. So scheint's.

Ist es, wenn ich schreibe, gleichgültig, wo ich lebe? Ich kann mich entziehen, meine Projekte verfolgen, aber ich atme mit. Mein Leben hätte, wäre ich in Bern geblieben oder hätte ich Anfang der siebziger Jahre statt in diese Stadt einen Ruf nach Marburg angenommen, ganz anders ausgesehen. Ich wäre ich und doch ein anderer. Es würde auch ganz anders aussehen, wenn ich nur Soziologe oder nur freier Schriftsteller wäre. Ich will nicht nur eine Arbeit machen, nicht nur ein Leben führen, sondern mehrere.

Wenige hier, die in ihrer Biographie nur einer politischen Gruppierung angehört haben; häufiger »Karrieren« wie vom RAF-Sympathisanten zum Hochschuldozenten, vom Rote-Zellen-Mitglied zum Baghwan-Anhänger, vom Mitglied der SEW (der Sozialistischen Einheitspartei Westberlins) zu den »Grünen«, vom radikalen Hausbesetzer zum introvertierten Studenten, von der Hausfrau zur Feministin. Getrieben vom Zeitwind.

Urbanität stumpft ab und macht hellwach. NIE WIEDER FRIEDEN. Recht haben die Sprüchemacher. Warum Frieden schaffen in einer Welt, wo man für den Frieden kämpfen muß? Die meisten, mit denen ich zu tun habe, können sich Befriedetes nicht mehr vorstellen, obwohl sie es suchen und obwohl im Moment alles ruhig ist, fast alles. Angstbesetzt ruhig. Wenn ich eine Bekannte treffe, die gerade auf dem Weg in den Knast ist, um ein früheres RAF-Mitglied zu besuchen, höre ich ihr zu wie ein Ethnologe einer Wilden. Ich schäme mich, wie weit weg von mir das Problem sich befindet. Und schon den Jüngsten geht es ähnlich – eben erst engagierte Hausbesetzer, reden sie jetzt mit einer forcierten Abgeklärtheit über damals, über die Fehler und das Richtige, als läge alles Lichtjahre zurück.

Ich habe meine Trampelpfade, meine Straßen, durch die ich fast jeden Tag gehe und wo ich fast alles finde: Supermarkt, Kino, Kneipe, Arzt, Zahnarzt, Apotheke, Delikatessengeschäft, einen Lampenmacher, eine Galerie, einen Buchladen, ein Bordell, die Firma Bosch, einen orientalischen Teppichhändler. »Ein Rausch kommt über den, der lange ohne Ziel durch Straßen marschiert. Das Gehen gewinnt mit jedem Schritt wachsende Gewalt; immer geringer werden die Verführungen der Bistros, der Läden, der lächelnden Frauen, immer unwiderstehlicher der Magnetismus der nächsten Straßenecke ...« (Walter Benjamin)

Manchmal denk ich: normal sein; am Abend in der Kneipe sein Bier trinken und am Sonntag mit Frau und Kind auf dem Fahrrad im Grunewald spazierenfahren. Oder so selbstsicher daherreden wie der Genosse Parteivorsitzende auf einer Quartierveranstaltung der SPD; oder einem Fellowvortrag zuhören im Wissenschaftskolleg zu Berlin, wo alle akademischen Eifersüchteleien und Ehrgeizlinge blühen und glühen. Berlin hat Kultur, läßt sich Kultur etwas kosten. Schmückt sich mit ihr, erstickt daran und lebt.

Immer wieder, ob als Schriftsteller oder als Soziologe unterwegs, wird man mit der Berlin-Rancune konfrontiert: Typisch! Ihr mit euren Problemen! Euch fehlt jeder Realitätssinn! Welcher?

Berlin, als Kulturpumpe, reagiert seismographisch; alles fängt früher an, chaotischer, anarchischer und bröckelt, versandet. Die Stimmung schlägt um. Mit Avantgarde, Avantgardismus hat das nichts zu tun. Die Stadt bleibt, sie bleibt, was sie ist. Ein wirres Ganzes, gevierteilt. Eben wurde das Institutsgebäude, in dem ich arbeite, innen neu gestrichen. Zum erstenmal seit zwölf Jahren. Harald Nägeli was here, immer wieder unter vielen Namen und mit vielen Parolen, die mir oft lange nicht aus dem Kopf gehen. NEHMT EUCH DAS LEBEN. Untergangsphilosophien grassieren, der kluge und piekfeine Baudrillard, der in ist, während die blauen Bände der Marx-Exegeten, die hier lange Zeit ihre Wortklaubereien betrieben, verstauben. Nehmt euch das Leben: lebt es! Das Subjekt ist wieder da, die Frauen bestimmen das Bild, aber schon ergreift, auch öffentlich, die Lust wieder verstärkt Ungleichgeschlechtliche. Zwei, die sich, an die Wand gelehnt, im Institut küssen: für mich an diesem Ort eine Premiere; sie stehen zusammen, fragil und neugierig.

Unmerkliche Verschiebungen. Der schlampige Hausbesetzer-Look ist nicht verschwunden, aber tritt zurück. Modisches kehrt wieder, nicht plötzlich; auch während der anarchischen Phase, als sämtliche Werte aufgehoben schienen, gab es ein Gespür für Mode. Nuancierungen, auf die alle Wert legten, jetzt gewinnen die Differenzen Kontur.

Fühle ich mich hier, in dieser Stadt, wohl? Nicht darüber reden. Nichts über die Stadt schreiben. Nicht jetzt. Schon die Panzer sind zuviel oder die hochdüsenden Flugzeuge, immer in die gleiche Schneise; der Knall, der täglich den Überschall ins Haus bringt; das Schlittschuhlaufen in kalten Wintern auf dem Wannsee. Ich habe das Gerede über Berlin satt. Ich habe mich in dieser Stadt gefunden, ich will über sie nichts sagen müssen, auch über mich nicht, es sei denn, die Bilder überfallen mich, die Fragen, die Ängste, die Verzweiflung. Das Glück. Es sei denn, ich fahre mit meinem kleinen Peugeot die Bismarckstraße hoch, vor mir der zündrote Himmel über der Stadt. FEUER UND FLAMME FÜR BERLIN. [...]

—— URS JAEGGI

WARUM ICH IN BERLIN LEBE

Ich kenne keine andere Stadt, also lebe ich gern in dieser. Sie blendet nicht mit Schönheit, lenkt nicht ab mit Reizen – eine öde, traurige Allerweltsstadt. Sie hat und gibt kein Profil. Wie vieles, das groß ist, hat sie ein schwaches Selbstwertgefühl. Was hier entsteht, davon hält sie wenig. Man sagt, sie werde genutzt als Durchlauferhitzer für allerlei Karrieren: man könne hier etwas werden, um es woanders zu sein. Wer in Berlin lebt, versteht das Interesse anderer an der Stadt nicht; auch die anderen verstehen ihr Interesse daran nicht – es gehört sich einfach, Interesse an Berlin zu haben, wo man auf Schritt und Tritt nur den Kopf schütteln kann über soviel Ungeschick und Linkischkeit auf allen Gebieten. Kein Mensch kommt hier in Versuchung, stolz oder hochmütig zu werden; man geht nüchtern durch die Tage, gewöhnt, dem Mißlingen, dem Scheitern bei deren täglichem Geschäft zuzuschauen; das hilft einem, an sich selbst nicht zu verzweifeln, der man doch auch nur so einer ist, der sich vergeblich müht. Hält man eines Tages nicht mehr aus, daß es hier ist wie überall, dann zieht man fort. [...]

Berlin ist eine desinteressierte Stadt. Sie schafft keine großen Leute. Hin und wieder leistet sie sich eine

Lokalgröße, Lieblinge wie den Sänger Käsebier vom Kurfürstendamm, die während einer oder zwei Saisons ihre exotischen Blüten hier entfalten dürfen, um dann tragisch verduften zu müssen – das reicht der Stadt für ihr Selbstverständnis; sie ist einfachen Gemüts, geprägt vom berühmten kleinsten gemeinsamen Nenner.

Warum also gerade Berlin, wo doch hier selbst der Gescheiteste in der dumpfen Ignoranz untergeht? Warum nicht Hamburg oder Frankfurt, wenn es denn eine deutsche Stadt sein sollte? – Vielleicht, weil Berlin von Anfang an aus allen Nähten geplatzt war wie heute die meisten größeren Städte. Alles, was die Schweiz zu viel an Geborgenheit, Geschlossenheit, Einheitlichkeit bot, fehlte und fehlt hier. Berlin hat keine Identität, ist keine Stadt; es ist eine Aneinanderreihung von Straßen und Plätzen, verbunden mit Bahnen und Bussen; es gibt kein Zentrum, keine alteingesessenen Berliner, kein Bürgertum, keine Zünfte, Traditionen, Familien – die Stadt war nie mit Zürich oder Bern zu vergleichen, auch nie mit Hamburg oder Frankfurt; sie war ein schnell zusammengeschustertes Ding ohne Geschichte, ohne Entwicklung – gestern noch ein paar Dörfer auf sumpfigem, magerem, märkischem Boden, heute eine Metropole. Und dahin zog es vielleicht die schweizerdeutschen Dichter, wenn es sie denn überhaupt von zu Hause wegzog: an einen Ort ohne Form und Norm, einen Ort, wo alles möglich und nichts wirklich ist, einen Ort mit den Vor- und Nachteilen einer Stadt, ohne Stadt zu sein, ohne von ihren Einwohnern eine Identifikation mit sich zu fordern, da sie keine Identität hat, und ohne sich über ihre Einwohner zu definieren, da sie kein Bedürfnis nach Definition hat. Ob der Einzelne es auf seinem Gebiet schaffen wird oder nicht, das ist in Berlin vollkommen gleichgültig, denn der Einzelne wird hier nicht zur Kenntnis genommen. Ebenso wie man ankommt, wird man auch wieder abreisen: fremd – eine wehmütig romantische Erkenntnis, die jeden hier irgendwann anspringt; man zählt nicht, auch nicht hinterher, denn nicht einmal posthum reagiert Berlin auf seine Bewohner. [...] Man lebt oder lebt nicht, wird berühmt oder wird nicht berühmt – Berlin ist es egal. Das macht das Leben einfach, den Alltag erträglich, den jeder nun einmal auszuhalten hat, und sei er noch so begabt. Berlin ignoriert alles, also bleibt auch die Anstrengung herauszuragen unerkannt, weswegen man bald parterre geht wie alle und froh ist darum, sich so gehen lassen zu dürfen. [...]

Darum lebe ich gern in Berlin: es erinnert mich täglich ans Leben.

—— MATTHIAS ZSCHOKKE

BERLINER
ORTE

UNTER DEN LINDEN

Ja, das sind die berühmten Linden, wovon Sie so viel gehört haben. Mich durchschauert's, wenn ich denke: auf dieser Stelle hat vielleicht Lessing gestanden, unter diesen Bäumen war der Lieblingsspaziergang so vieler großer Männer, die in Berlin gelebt, hier ging der große Fritz, hier wandelte – er! Aber ist die Gegenwart nicht auch herrlich? Es ist just zwölf und die Spaziergangszeit der schönen Welt. Die geputzte Menge treibt sich die Linden auf und ab. Sehen Sie dort den Elegant mit zwölf bunten Westen? Hören Sie die tiefsinnigen Bemerkungen, die er seiner Donna zulispelt? Er fixiert sie mit der Lorgnette, lächelt und kräuselt sich die Haare. Aber schauen Sie die schönen Damen! Welche Gestalten! Ich werde poetisch!

Diese dort ist ein wandelndes Paradies, ein wandelnder Himmel, eine wandelnde Seligkeit ... Sie wundern sich, daß alle Männer hier plötzlich stehenbleiben, mit der Hand in die Hosentasche greifen und in die Höhe schauen? Mein Lieber, wir stehen just vor der Akademieuhr, die am richtigsten geht von allen Uhren Berlins, und jeder Vorübergehende verfehlt nicht, die seinige darnach zu richten. Es ist ein possierlicher Anblick, wenn man nicht weiß, daß dort eine Uhr steht.

Welch eine Menge besternter Herren! Welch eine Unzahl Orden! Wenn man sich einen Rock anmessen läßt, frägt der Schneider: »Mit oder ohne Einschnitt (für den Orden)?« Aber halt! Sehen Sie das Gebäude an der Ecke der Charlottenstraße? Das ist das Café Royal ... Hier schräg gegenüber sehen Sie das Hôtel de Rome und hier wieder links das Hôtel de Pétersbourg, die zwei angesehensten Gasthöfe. Nahebei ist die Konditorei von Teichmann. Die gefüllten Bonbons sind hier die besten Berlins ...

Jetzt sehen Sie mal rechts und links! Das ist die große Friedrichstraße. Wenn man diese betrachtet, kann man sich die Idee der Unendlichkeit veranschaulichen. Laßt uns hier nicht allzu lange stehenbleiben. Es weht ein fataler Zugwind zwischen dem Halleschen und dem Oranienburger Tore. Hier links drängt sich wieder das Gute; hier ist das Café de Commerce, und hier wohnt – Jagor! Eine Sonne steht über dieser Paradiespforte. Treffendes Symbol! Welche Gefühle erregt diese Sonne in dem Magen eines Gourmands! Betrachten Sie die schönen Gebäude, die auf beiden Seiten der Linden stehen. Hier wohnt die vornehmste Welt Berlins. Laßt uns eilen. Das große Haus links ist die Konditorei von Fuchs. Hier rechts können Sie etwas Neues sehen. Hier werden Boulevards gebaut, wodurch die Wilhelmstraße mit der Luisenstraße in Verbindung gesetzt wird. Hier wollen wir stille stehen und das Brandenburger Tor und die darauf stehende Viktoria betrachten. Ersteres wurde von Langhans nach den Propyläen zu Athen gebaut und besteht aus einer Kolonnade von zwölf großen dorischen Säulen. Die Göttin da oben wird Ihnen aus der neuesten Geschichte genugsam bekannt sein. Die gute Frau hat auch ihre Schicksale gehabt; man sieht's ihr nicht an, der mutigen Wagenlenkerin.

Jetzt laßt uns umkehren, ich habe Appetit und sehne mich nach dem Café Royal. Wollen Sie fahren? Hier gleich am Tor stehen Droschken. So heißen unsere hiesigen Fiaker. Die Wagen sind alle gleich, und die Kutscher tragen alle graue Mäntel mit gelben Aufschlägen. Laßt uns einsteigen. Schnell, Kutscher! Wie das unter den Linden wogt! Wie mancher läuft hier herum, der noch nicht weiß, wo er heut zu Mittag essen kann! Schnell, Kutscher! Wie gefällt Ihnen Berlin? Finden Sie nicht, obschon die Stadt neu, schön und regelmäßig gebaut ist, so macht sie doch einen etwas nüchternen Eindruck. Die Frau von Staël bemerkt sehr scharfsinnig: »Berlin, cette ville toute moderne, quelque belle qu'elle soit, ne fait pas une impression assez sérieuse; on n'y aperçoit point l'empreinte de l'histoire du pays, ni du caractère des habitants, et ces magnifiques demeures nouvellement construites ne semblent destinées qu'aux rassemblements commodes des plaisirs et de l'industrie.«[1] Herr von Pradt sagt noch weit Pikanteres. Aber Sie hören kein Wort wegen des Wagengerassels. Gut, wir sind am Ziel. Halt! Hier ist das Café Royal. Ein schönes Lokal; vorn das splendideste Kaffeehaus Berlins, hinten die schöne Restauration. Ein Versammlungsort eleganter, gebildeter Welt. Sie können hier oft die interessantesten Menschen sehen. [...]

Aber dort am Tisch das kleine bewegliche Männchen mit den ewig vibrierenden Gesichtsmuskeln, mit den possierlichen und doch unheimlichen Gesten? Das ist der Kammergerichtsrat Hoffmann, der den Kater Murr geschrieben. Aber was kümmern mich alle diese Herren, ich habe Hunger. »Garçon, la charte!«[2] Betrachten Sie mal diese Menge herrlicher Gerichte. Wie die Namen derselben melodisch und schmelzend klingen, as music on the waters![3] Es sind geheime Zauberformeln, die uns das Geisterreich aufschließen. Und Champagner dabei! Erlauben Sie, daß ich eine Träne der Rührung weine!

—— HEINRICH HEINE

WIEDERSEHN AUF DEM ALEX

Rumm rumm wuchtet vor Aschinger auf dem Alex die Dampframme. Sie ist ein Stock hoch, und die Schienen haut sie wie nichts in den Boden.

Eisige Luft. Februar. Die Menschen gehen in Mänteln. Wer einen Pelz hat, trägt ihn, wer keinen hat, trägt keinen. Die Weiber haben dünne Strümpfe und müssen frieren, aber es sieht hübsch aus. Die Penner haben sich vor der Kälte verkrochen. Wenn es warm ist, stecken sie wieder ihre Nasen raus. Inzwischen süffeln sie doppelte Ration Schnaps, aber was für welchen, man möchte nicht als Leiche drin schwimmen.

Rumm rumm haut die Dampframme auf dem Alexanderplatz. Viele Menschen haben Zeit und gucken sich an, wie die Ramme haut. Ein Mann oben zieht immer eine Kette, dann pafft es oben, und ratz hat die Stange eins auf den Kopf. Da stehen die Männer und Frauen und besonders die Jungens und freuen sich, wie das geschmiert geht: ratz kriegt die Stange eins auf den Kopf. Nachher ist sie klein wie eine Fingerspitze, dann kriegt sie aber noch immer eins, da kann sie machen, was sie will. Zuletzt ist sie weg, Donnerwetter, die haben sie fein eingepökelt, man zieht befriedigt ab.

Alles ist mit Brettern belegt. Die Berolina stand vor Tietz, eine Hand ausgestreckt, war ein kolossales Weib, die haben sie weggeschleppt. Vielleicht schmelzen sie sie ein und machen Medaillen draus.

Wie die Bienen sind sie über den Boden her. Die basteln und murksen zu Hunderten rum den ganzen Tag und die Nacht.

Ruller ruller fahren die Elektrischen, Gelbe mit Anhängern, über den holzbelegten Alexanderplatz, Abspringen ist gefährlich. Der Bahnhof ist breit freigelegt, Einbahnstraße nach der Königstraße an Wertheim vorbei. Wer nach dem Osten will, muß hinten rum am Präsidium vorbei durch die Klosterstraße. Die Züge rummeln vom Bahnhof nach der Jannowitzbrücke, die Lokomotive bläst oben Dampf ab, grade über den Prälaten steht sie, Schloßbräu, Eingang eine Ecke weiter.

Über den Damm, sie legen alles hin, die ganzen Häuser an der Stadtbahn legen sie hin, woher sie das Geld haben, die Stadt Berlin ist reich, und wir bezahlen die Steuern.

Loeser und Wolff mit dem Mosaikschild haben sie abgerissen, 20 Meter weiter steht er schon wieder auf, und drüben vor dem Bahnhof steht er noch mal. Loeser und Wolff, Berlin-Elbing, erstklassige Qualitäten in allen Geschmacksrichtungen, Brasil, Havanna, Mexiko, Kleine Trösterin, Liliput, Zigarre Nr. 8, das Stück 25 Pfennig, Winterballade, Packung mit 25 Stück, 20 Pfennig, Zigarillos Nr. 10, unsortiert, Sumatradecke, eine Spezialleistung in dieser Preislage, in Kisten zu hundert Stück, 10 Pfennig. Ich schlage alles, du schlägst alles, er schlägt alles mit Kisten zu 50 Stück und Kartonpackung zu 10 Stück, Versand nach allen Ländern der Erde, Boyero 25 Pfennig, diese Neuigkeit brachte uns viele Freunde, ich schlage alles, du schlägst lang hin.

Neben dem Prälaten ist Platz, da stehen die Wagen mit Bananen. Gebt euren Kindern Bananen. Die Banane ist die sauberste Frucht, da sie durch die Schale vor Insekten, Würmern sowie Bazillen geschützt ist. Ausgenommen sind solche Insekten, Würmer und Bazillen, die durch die Schale kommen. Geheimrat Czerny hat mit Nachdruck darauf hingewiesen, daß selbst Kinder in den ersten Lebensjahren. Ich zerschlage alles, du zerschlägst alles, er zerschlägt alles.

Wind gibt es massenhaft am Alex, an der Ecke von Tietz zieht es lausig. Es gibt Wind, der pustet zwischen die Häuser rein und auf die Baugruben. Man möchte sich in die Kneipen verstecken, aber wer kann das, das bläst durch die Hosentaschen, da merkst du, es geht was vor, es wird nicht gefackelt, man muß lustig sein bei dem Wetter. Frühmorgens kommen die Ar-

beiter angegondelt, von Reinickendorf, Neukölln, Weißensee. Kalt oder nicht kalt, Wind oder nicht Wind,
Kaffeekanne her, pack die Stullen ein, wir müssen
schuften, oben sitzen die Drohnen, die schlafen in ihre
Federbetten und saugen uns aus.

Aschinger hat ein großes Café und Restaurant.
Wer keinen Bauch hat, kann einen kriegen, wer einen
hat, kann ihn beliebig vergrößern. Die Natur läßt sich
nicht betrügen! Wer glaubt, aus entwertetem Weiß-
mehl hergestellte Brote und Backwaren durch künst-
liche Zusätze verbessern zu können, der täuscht sich
und die Verbraucher. Die Natur hat ihre Lebensge-
setze und rächt jeden Mißbrauch. Der erschütterte
Gesundheitszustand fast aller Kulturvölker der Gegenwart hat seine Ursache im Genuß entwerteter und
künstlich verfeinerter Nahrung. Feine Wurstwaren
auch außer Haus, Leberwurst und Blutwurst billig.

Das hochinteressante ›Magazin‹ statt eine Mark
bloß 20 Pfennig, die ›Ehe‹ hochinteressant und pikant
bloß 20 Pfennig. Der Ausrufer pafft Zigaretten, hat eine Schiffermütze auf, ich schlage alles.

Von Osten her, Weißensee, Lichtenberg, Friedrichshain, Frankfurter Allee, türmen die gelben Elektrischen auf den Platz durch die Landsberger Straße. Die
65 kommt vom Zentralviehhof, der Große Ring Wed-
dingplatz, Luisenplatz, der 76 Hundekehle über Hu-

bertusallee. An der Ecke Landsberger Straße haben sie Friedrich Hahn, ehemals Kaufhaus, ausverkauft, leergemacht und werden es zu den Vätern versammeln. Da halten die Elektrischen und der Autobus 19 Turmstraße. Wo Jürgens war, das Papiergeschäft, haben sie das Haus abgerissen und dafür einen Bauzaun hingesetzt. Da sitzt ein alter Mann mit einer Arztwaage: Kontrollieren Sie Ihr Gewicht, 5 Pfennig. O liebe Brüder und Schwestern, die ihr über den Alex wimmelt, gönnt euch diesen Augenblick, seht durch die Lücke neben der Arztwaage auf diesen Schuttplatz, wo einmal Jürgens florierte, und da steht noch das Kaufhaus Hahn, leergemacht, ausgeräumt und ausgeweidet, daß nur die roten Fetzen noch an den Schaufenstern kleben. Ein Müllhaufen liegt vor uns. Von Erde bist du gekommen, zu Erde sollst du wieder werden, wir haben gebauet ein herrliches Haus, nun geht hier kein Mensch weder rein noch raus. So ist kaputt Rom, Babylon, Ninive, Hannibal, Cäsar, alles kaputt, oh, denkt daran. Erstens habe ich dazu zu bemerken, daß man diese Städte jetzt wieder ausgräbt, wie die Abbildungen in der letzten Sonntagsausgabe zeigen, und zweitens haben diese Städte ihren Zweck erfüllt, und man kann nun wieder neue Städte bauen. Du jammerst doch nicht über deine alten Hosen, wenn sie morsch und kaputt sind, du kaufst neue, davon lebt die Welt.

Die Schupo beherrscht gewaltig den Platz. Sie steht

in mehreren Exemplaren auf dem Platz. Jedes Exemplar wirft Kennerblicke nach zwei Seiten und weiß die Verkehrsregeln auswendig. Es hat Wickelgamaschen an den Beinen, ein Gummiknüppel hängt ihm an der rechten Seite, die Arme schwenkt es horizontal von Westen nach Osten, da kann Norden, Süden nicht weiter, und der Osten ergießt sich nach Westen, der Westen nach Osten. Dann schaltet sich das Exemplar selbsttätig um: Der Norden ergießt sich nach Süden, der Süden nach Norden. Scharf ist der Schupo auf Taille gearbeitet. Auf seinen erfolgten Ruck laufen über den Platz in Richtung Königstraße etwa 30 private Personen, sie halten zum Teil auf der Schutzinsel, ein Teil erreicht glatt die Gegenseite und wandert auf Holz weiter. Ebenso viele haben sich nach Osten aufgemacht, sie sind den andern entgegengeschwommen, es ist ihnen ebenso gegangen, aber keinem ist was passiert. Es sind Männer, Frauen und Kinder, die letzteren meist an der Hand von Frauen. Sie alle aufzuzählen und ihr Schicksal zu beschreiben, ist schwer möglich, es könnte nur bei einigen gelingen. Der Wind wirft gleichmäßig Häcksel über alle. Das Gesicht der Ostwanderer ist in nichts unterschieden von dem der West-, Süd- und Nordwanderer, sie vertauschen auch ihre Rollen, und die jetzt über den Platz zu Aschinger gehen, kann man nach einer Stunde vor dem leeren

Kaufhaus Hahn finden. Und ebenso mischen sich die, die von der Brunnenstraße kommen und zur Jannowitzbrücke wollen, mit den umgekehrt Gerichteten. Ja, viele biegen auch seitlich um, von Süden nach Osten, von Süden nach Westen, von Norden nach Osten. Sie sind so gleichmäßig wie die, die im Autobus, in den Elektrischen sitzen. Die sitzen alle in verschiedenen Haltungen da und machen so das außen angeschriebene Gewicht des Wagens schwerer. Was in ihnen vorgeht, wer kann das ermitteln, ein ungeheures Kapitel. Und wenn man es täte, wem diente es? Neue Bücher? Schon die alten gehen nicht, und im Jahre 27 ist der Buchabsatz gegen 26 um soundsoviel Prozent zurückgegangen. Man nehme die Leute einfach als Privatpersonen, die 20 Pfennig bezahlt haben, mit Ausnahme der Besitzer von Monatskarten und der Schüler, die nur 10 Pfennige zahlen, und da fahren sie nun mit ihrem Gewicht von einem Zentner bis zwei Zentner, in ihren Kleidern, mit Taschen, Paketen, Schüsseln, Hüten, künstlichen Gebissen, Bruchbändern über den Alexanderplatz und bewahren die geheimnisvollen langen Zettel auf, auf denen steht: Linie 12 Siemensstraße DA, Gotzkowskistraße C, B, Oranienburger Tor C, C, Kottbuser Tor A, geheimnisvolle Zeichen, wer kann es raten, wer kann es nennen und wer bekennen, drei Worte nenn ich dir inhaltschwer, und die

Zettel sind viermal an bestimmten Stellen gelocht, und auf den Zetteln steht in demselben Deutsch, mit dem die Bibel geschrieben ist und das Bürgerliche Gesetzbuch: Gültig zur Erreichung des Reiseziels auf kürzestem Wege, keine Gewähr für die Anschlußbahn. Sie lesen Zeitungen verschiedener Richtungen, bewahren mittels ihres Ohrlabyrinths das Gleichgewicht, nehmen Sauerstoff auf, dösen sich an, haben Schmerzen, haben keine Schmerzen, denken, denken nicht, sind glücklich, sind unglücklich, sind weder glücklich noch unglücklich.

Rumm rumm ratscht die Ramme wieder, ich schlage alles, noch eine Schiene. Es surrt über den Platz vom Präsidium her, da nieten sie, da schmeißt eine Zementmaschine ihre Ladung um. Herr Adolf Kraun, Hausdiener, sieht zu, das Umkippen der Wagen fesselt ihn enorm, du schlägst alles, er schlägt alles. Er lauert immer gespannt, wie die Lore mit Sand auf der einen Seite hochgeht, da kommt die Höhe, bums, und nun dreht sie sich. Man möchte nicht so aus dem Bett geschmissen sein, Beine hoch, runter mit dem Kopf, da liegst du, kann einem was passieren, aber die machen das egalweg.

Franz Biberkopf hat wieder den Rucksack um und verkauft Zeitungen. Er hat sein Quartier gewechselt.

Das Rosenthaler Tor hat er verlassen, er steht am Alexanderplatz. Er ist völlig auf dem Damm, 1,80 groß, sein Gewicht ist runter, aber es trägt sich leichter. Auf dem Kopf hat er die Zeitungsmütze.

Krisenalarm im Reichstag, man spricht von Märzwahlen, Aprilwahlen wahrscheinlich, wohin, Josef Wirth? der mitteldeutsche Kampf geht weiter, es soll eine Schlichterkammer gebildet werden, Raubüberfall in der Tempelherrenstraße. Er hat seinen Stand am Ausgang der U-Bahn nach der Alexanderstraße gegenüber dem Ufa-Kino, auf dieser Seite hat sich der Optiker Fromm ein neues Geschäft gebaut. Franz Biberkopf sieht die Münzstraße runter, als er zum erstenmal in dem Gedränge steht und denkt: wie weit ist es wohl zu den beiden Juden, die wohnen gar nicht weit, das war bei meinem ersten Malheur, vielleicht mach ich bei die mal Stippvisite, können mir mal einen ›Völkischen Beobachter‹ abkaufen. Warum nicht, ob sie ihn mögen, ist mir egal, wenn sie ihn bloß abkaufen. Er grient bei dem Gedanken, und der ganz alte Jude in Latschen war doch zu komisch. Er sieht sich um, die Finger sind klamm, nebenan steht ein kleiner Verwachsener, der hat eine ganz krumme Nase, die ist wohl zerbrochen. Krisenalarm im Reichstag, das Haus Hebbelstraße 17 geräumt wegen Einsturzgefahr, Bluttat auf dem Fischdampfer, ein Meuterer oder ein Wahnsinniger.

Franz Biberkopf und der Verwachsene pusten sich beide in die Hände. Vormittagsgeschäft ist flau. Ein dürrer älterer Mann, abgeschabt und mierig sieht er aus, der macht sich an Franzen ran. Hat einen grünen Filzhut auf und fragt Franzen, wie es mit Zeitung ist. Hat Franz auch mal gefragt. »Ob es für dich ist, Kollege, wer kann wissen.« »Ja, ich bin zweiundfuffzich alt.« »Na eben, daher, mit fuffzich fängt doch die Mauke an. Bei den Preußen hatten wir einen alten Hauptmann der Reserve, der war erst vierzich, aus Saarbrücken, Lotterieeinnehmer – das heißt, sagt er, vielleicht war er Zigarrenfritze –, der hatte die Mauke schon mit vierzich, im Kreuz. Da hat er aber stramme Haltung draus gemacht. Der ging wie ein Besenstiel auf Rollen. Der hat sich immer mit Butter einreiben lassen. Und wie's keine Butter mehr gab, so 1917, und bloß noch Palmin, prima Pflanzenöl, und ranzig war es auch noch, da hat er sich totschießen lassen.«

»Was hilft's, in der Fabrik nehmen sie einen auch nicht mehr. Und voriges Jahr haben sie mir operiert, in Lichtenberg, Hubertuskrankenhaus. Ein Ei ist weg, soll tuberkulös gewesen sein, ick sage dir, ick hab noch Schmerzen.« »Na, sieh dir man vor, nachher kommt das andere auch noch ran. Da ist besser sitzen, da wirste besser Droschkenkutscher.« Der mitteldeutsche Kampf geht weiter, die Verhandlungen ergebnislos,

Attentat auf das Mieterschutzgesetz, aufgewacht, Mieter, man nimmt dir das Dach über dem Kopf weg. »Ja, Kollege, Zeitungen kannste machen, aber laufen mußte können, und Stimme mußte haben, wie steht's mit's Kehlchen, Rotkehlchen, kannst du singen? Na siehst du, das ist die Hauptsache bei uns, bei uns muß man singen können und laufen können. Wir brauchen gute Schreihälse. Die Lautsprecher machen das beste Geschäft. Eine ausgekochte Gesellschaft, sage ich dir. Kuck mal her, wieviel Groschen sind das?« »Für mich vier.« »Stimmt. Für dich vier. Darauf kommt's an. Für dich. Aber wenn's einer eilig hat, und dann sucht er in der Tasche, und einen Sechser hat er und dann ne Mark oder zehn Mark, frag mal die Brüder von uns, die können alle wechseln. Was die gerissen sind, das sind die richtigen Bankiers, die verstehen sich auf Wechseln, ziehen ihre Prozente ab, merkst aber nichts davon, so rasch geht's.«

Der Alte seufzt. »Ja, deine fuffzich Jahre und dann noch die Mauke, Kollege, wenn du Traute hast, dann läufste nicht allein, dann nimmste dir zwei Junge, muß se natürlich bezahlen, kriegen vielleicht die Hälfte, aber du mußt das Geschäft besorgen, schonst die Beine und die Stimme. Verbindung mußt de haben und einen guten Platz. Wenn's regnet, ist es naß. Zum guten Geschäft gehören Sportkämpfe, Regierungswechsel. Bei Eberts Tod, sagen sie, haben sie ihnen die Zeitungen weggerissen. Mensch, mach bloß nich solch Gesicht, ist alles bloß halb so schlimm. Kuck dir drüben die Ramme an, stell dir vor, die fällt dir auf den Kopf, was brauchste dann noch groß nachzudenken?« Attentat auf das Mieterschutzgesetz. Die Quittung für Zörgiebel. Ich scheide aus der Partei des Prinzipienverrats. Englische Zensur über Amanullah, Indien darf nichts erfahren.

Gegenüber am Häuschen von Radio Web – bis auf weiteres laden wir einen Akku gratis – steht ein blasses Fräulein mit einer Kappe tief ins Gesicht und scheint intensiv nachzudenken. Der Chauffeur vom Zweistreifer daneben denkt: Überlegt die sich nun, ob sie fahren will und ob sie genug bei sich hat, oder wartet sie auf einen. Aber sie biegt nur ein bißchen den Körper in ihrem Samtmantel, als wenn er ihr ausgerenkt war, dann setzt sie sich wieder in Betrieb, sie ist bloß unwohl und hat dann jedesmal solch Kneifen im Leib. Sie macht ihr Lehrerinnenexamen, heut will sie zu Hause bleiben und heiße Umschläge machen, abends wird es sowieso besser.

—— ALFRED DÖBLIN

FRIEDRICHSTRASSE

Oben ist ein schmaler Streifen Himmel, unten der glatte, schwärzliche, gleichsam von Schicksalen polierte Boden. Die Häuser zu beiden Seiten ragen kühn, zierlich und phantastisch in die architektonische Höhe. Die Luft bebt und erschrickt von Weltleben. Bis zu den Dächern hinauf und über die Dächer noch hinaus schweben und kleben Reklamen. Große Buchstaben fallen in die Augen. Und immer gehen hier Menschen. Noch nie, seit sie ist, hat in dieser Straße das Leben aufgehört zu leben. Hier ist das Herz, die unaufhörlich atmende Brust des großstädtischen Lebens. Hier atmet es hoch auf und tief nieder, als wenn das Leben selber über seinem Schritt und Tritt unangenehm beengt wäre. Hier ist die Quelle, der Bach, der Fluß, der Strom und das Meer der Bewegungen. Niemals sterben hier die Bewegungen und die Erregungen ganz aus, und wenn das Leben am obern Ende der Straße beinahe aufhören will, so fängt es am untern Ende von neuem an. Arbeit und Vergnügen, Laster und guter Treib, Streben und Müßiggang, Edelsinn und Niedertracht, Liebe und Haß, feuriges und höhnisches Wesen, Buntheit und Einfachheit, Armut und Reichtum schimmern, glitzern, blöden, träumen, eilen und stolpern hier wild und zugleich ohnmächtig durcheinander. Eine Fessel ohnegleichen bändigt und sänftigt hier die Leidenschaften, und Verlockungen ohne Zahl fuhren zugleich in die begehrlichen Versuchungen, derart, daß die Entsagung mit dem Rockärmel den Rücken der befriedigten Begierde streifen, daß die Unersättlichkeit mit den lodernden Augen in den weisen Frieden der Augen des Durch-sich-selbst-Gesättigten schauen muß. Hier klaffen Abgründe, hier herrschen und gebieten bis zum offenen Unanstand, durch den sich kein vernünftiger Mensch verletzten läßt, Gegensätze, die unbeschreiblich sind. Wagen fahren immer an Menschenleibern-, köpfen und -händen dicht vorüber, und auf den Verdecken und im hohlen Innern der Wagen sitzen, dicht aneinander gepreßt und geknechtet, Menschen, die aus irgendwelchen Gründen hier drinnen sitzen, hier oben sitzen, sich drängen und pressen und fahren lassen.

Für jede Dummheit gibt es hier unsagbar rasch rechtfertigende, gute, kluge Gründe. Jede Torheit ist hier durch die offenbare Schwierigkeit des Lebens geadelt und geheiligt. Jede Bewegung hat Sinn, jeder Ton hat hier praktische Ursache, und aus jedem Lächeln, jeder Geste, jedem Wort strahlt eine sonderbar anmutige Gesetztheit und Korrektheit billigend hervor. Hier billigt man alles, weil jeder einzelne, durch den Zwang des zusammengeknebelten Verkehrs genötigt, ohne

Zaudern alles, was er hört und sieht, billigen muß. Zu Mißbilligungen scheint niemand Lust, zu Abneigungen niemand Zeit und zu Unlust niemand ein Recht zu haben, denn hier, und das ist das Großartige, fühlen sich alle auf leichte, vorwärtshelfende Manier, gleichsam säuberlich, verpflichtet. Jeder Bettler, Gauner, Unhold usw. ist hier Mitmensch und muß einstweilen, weil alles schiebt, stößt und drängt, als etwas Mithinzugehöriges geduldet werden. Ah, hier ist die Heimat der Nichtswürdigen, der Kleinen, nein, der ganz Kleinen, der irgendwo und wann schon einmal Entehrten, hier, hier herrscht Duldung, und zwar deshalb, weil sich niemand mit Ungeduld und Unfrieden aufhalten und abgeben will. Hier wird im Sonnenschein friedlich spaziert, wie auf einer entlegenen stillen Bergesmatte, und im Laternenschimmer elegant gebummelt wie in einem Feenmärchen voller Zauberkünste und -worte. Wunderbar ist, wie der zweiteilige Menschenstrom auf den Trottoirs unaufhaltbar und unaufhörlich ist, gleich einem dickflüssigen, schimmernden, vielbedeutenden Wasser, und herrlich ist, wie hier die Qualen gemeistert, die Wunder verschwiegen, die Träume gefesselt, die Brünste gebändigt, die Freuden unterdrückt und die Begierden gemäßigt werden, weil alles Rücksicht, Rücksicht und nochmals liebende und achtende Rücksicht nehmen muß. Wo der Mensch so nah am Menschen ist, da erhält der

Begriff Nebenmensch eine tatsächlich geübte, begriffene und rasch verstandene Bedeutung, und es darf da niemandem mehr einfallen, überlaut zu lachen, übereifrig sich seinen persönlichen Bedrängnissen hinzugeben oder überhastig Geschäfte machen zu wollen, und doch, welch eine hinreißende betörende Hast ist in all der scheinbaren Gedrängtheit und Besonnenheit. Die Sonne scheint hier in einer Stunde auf unzählige Köpfe, der Regen netzt und näßt hier einen Boden, der gesalbt ist gleichsam von Lustspielen und Tragödien, und abends, ah, wenn es beginnt zu dunkeln und wenn die Lichter angezündet werden, tut sich ein Vorhang langsam auf, um in ein Stück üppig voll immer derselben Gewohnheiten, Lüsternheiten und Begebenheiten schauen zu lassen. Die Sirene Vergnügen fängt dann an in himmlisch lockenden und anmutenden Tönen zu singen, und Seelen werden dann zerrissen von den vibrierenden Wünschen und Nichtbefriedigungen, und ein Geldauswerfen beginnt dann, wie es der bescheidene kluge Begriff nicht kennt, wie es sich kaum eine dichterische Phantasie mühselig vorstellen kann. Ein wollüstig auf und nieder atmender Körpertraum sinkt dann auf die Straße herab, und alles läuft, läuft und läuft diesem vorherrschenden Traum mit ungewissen Schritten nach.

—— ROBERT WALSER

BESUCH VOM LANDE

Sie stehen verstört am Potsdamer Platz.
Und finden Berlin zu laut.
Die Nacht glüht auf in Kilowatts.
Ein Fräulein sagt heiser: »Komm mit, mein Schatz!«
Und zeigt entsetzlich viel Haut.

Sie wissen vor Staunen nicht aus und nicht ein.
Sie stehen und wundern sich bloß.
Die Bahnen rasseln. Die Autos schrein.
Sie möchten am liebsten zu Hause sein.
Und finden Berlin zu groß.

Es klingt, als ob die Großstadt stöhnt,
weil irgendwer sie schilt.
Die Häuser funkeln. Die U-Bahn dröhnt.
Sie sind das alles so gar nicht gewöhnt.
Und finden Berlin zu wild.

Sie machen vor Angst die Beine krumm.
Und machen alles verkehrt.
Sie lächeln bestürzt. Und sie warten dumm.
Und stehn auf dem Potsdamer Platz herum,
bis man sie überfährt.

—— ERICH KÄSTNER

TIERGARTEN

Vom Zoologischen Garten her tönt Regimentsmusik.
Man geht so, ganz gemächlich. Ist es denn nicht Sonntag? Wie warm es ist! Jedermann scheint erstaunt darüber zu sein, dass es jetzt, wie auf Zauberschlag, so
leicht, so hell, so warm ist. Wärme allein gibt schon
Farbe. Die Umwelt ist wie ein Lächeln, und es wird
einem ganz weiblich zumut. Wie gern möchte ich jetzt
(beinahe) ein Kind auf dem Arm tragen und treube-
sorgtes Dienstmädchen spielen. Wie stimmt der begin-
nende, herzbetörende Frühling zärtlich! Ich könnte,
bilde ich mir ein, geradezu Mutter sein. Im Frühling, so
scheint es, werden Männer und Mannestaten plötzlich
so überflüssig, so dumm. Nur keine Tat jetzt. Horchen,
bleiben, am Fleck stehen. Göttlich, durch ganz weni-
ges berührt sein. In dieses wonnensüße kindheitartige
Grün schauen. Ach, ist doch Berlin und sein Tiergarten
jetzt schön! Es wimmelt von Menschen. Die Menschen
sind starke, bewegliche Flecke im zarten, verlornen
Sonnenschimmer. Oben ist der lichtblaue Himmel, der
wie ein Traum das unten liegende Grün berührt. Die
Leute gehen leicht und bequem, so, als fürchteten sie,
in Marschierschritt und in grobes Gebärden zu verfal-
len. Es soll Leute geben, die nie daran denken oder die

sich zieren, sich am Sonntag auf eine Tiergartenbank zu setzen. Wie doch solche Leute sich des reizendsten Vergnügens berauben. Ich selbst finde das Sonntagspublikum in seiner offensichtlichen harmlosen Sonntagslust bedeutender als alles Kairo- und Rivierareisen. Da wird das Harte gefällig, das Starre lieblich, und alle Linien und Gewöhnlichkeiten gehen traumhaft ineinander über. Unnennbar zart ist solch ein allgemeines Spazieren. Die Spaziergänger verlieren sich bald einzeln, bald in anmutigen dichten Gruppen oder Haufen zwischen den Bäumen, die hoch oben noch luftig-kahl sind, und zwischen dem niedrigen Gesträuch, das ein Hauch von jungem, süßem Grün ist. Es zittert und bebt in der weichen Luft von Knospen, die zu singen, zu tanzen, zu schweben scheinen. Das ganze Tiergartenbild ist wie ein gemaltes Bild, dann wie ein Traum, dann wie ein weitschweifiger angenehmer Kuss. Überall ist leichte, verständliche Lockung zum lange Hinschauen. Auf einer Bank am Schifffahrtskanal sitzen zwei Ammen im schneeweißen imposanten Kopfputz, weißer Schürze und knallroten Röcken. Indem man geht, ist man befriedigt; indem man sitzt, ist man ganz ruhig und schaut gelassen in die Augen der vorübergehenden Gestalten. Diese sind Kinder, an Leinen geführte Hunde, Soldaten mit dem Mädel im Arm, schöne Frauen, kokette Damen, allein stehende, tretende und gehende Herren, ganze Familien, schüchterne Liebespaare. Schleier wehen, grüne und blaue und gelbliche. Dunkle und helle Kleider wechseln ab. Die Herren tragen meistens die unvermeidlichen trockenen, halbhohen, steifen Hügelhüte auf den Kegelköpfen. Man möchte lachen und zugleich ernst sein. Es ist alles zugleich lustig und heilig, und man ist sehr ernst dabei, wie alle. Alle zeigen denselben schicklichen leichten Ernst. Ist nicht so auch der Himmel, der auch so ein Gesicht macht, als spreche er: »Wie wunderbar ist mir?« Jetzt huschen, freundlichen Schemen ähnlich, windähnliche Schatten durch die Bäume, über die hellen weißen Wege, wohin? Man weiß es nicht. Kaum sieht man es, so zart ist es. Maler machen auf solche Delikatessen aufmerksam. In einiger sanfter Entfernung rollen roträdrige Droschken durch das milde grüne Gewebe, als gleite ein rotes Band durch ein Stück zartes Frauenhaar. Alles atmet Fraulichkeit, alles ist Helle und Milde, alles ist so weit, so durchsichtig, so rund, nach allen Seiten dreht man den Sonntagskopf, um die Sonntagswelt hübsch zu genießen. Menschen machen das Ganze eigentlich. Ohne die Menschen würde man die Schönheit des Tiergartens nicht sehen, nicht merken, nicht empfinden. Wie das Publikum ist? Na, gemischt, alles durcheinander. Elegantes und Einfaches, Stolzes und Demütiges, Fröhliches und Besorgtes. Ich selbst sorge mit meiner eigenen Person ebenfalls für Buntheit und trage mit zur Gemischtheit bei. Ich bin gemischt genug. Doch wo ist der Traum? Lass uns ihn doch noch rasch einmal betrachten! Auf einer rundgebogenen Brücke stehen viele Leute. Man steht selbst da, lehnt sich leicht und voll guter Manier an das Geländer und schaut hinab in das zärtlichbläulich glimmende, warme Wasser, wo Boote und Kähne, menschenbesetzt und fähnchengeschmückt, leise, wie von guten Ahnungen gezogen, umherfahren. Die Schiffe und Gondeln schimmern in der Sonne. Da bricht ein Stück dunkles Samtgrün aus der Lichtheit hervor, es ist eine Bluse. Enten mit farbigen Köpfen schaukeln auf dem Gekräusel und Gezitter des Wassers, das manchmal schimmert wie Bronze oder wie Emaille. Herrlich ist es, wie das Feld des Wassers so eng und so klein ist und doch so vollbesetzt mit gleitenden Lustkähnen und Freudenfarben-Hüten. Überall, wohin man blickt, glänzt und bricht der Damenhut mit rot, blau und andern Augengenüssen aus dem Gebüsch hervor. Wie ist alles so einfach! Wohin geht man jetzt? In ein Kaffeehaus? Wirklich? Ist man jetzt so barbarisch? Jawohl, man tut's. Was tut man nicht alles? Wie schön ist es, zu tun, was ein anderer ebenfalls tut! Wie ist er nur schön, der Tiergarten. Welcher Einwohner von Berlin liebte ihn nicht?

—— ROBERT WALSER

65

DER KURFÜRSTENDAMM

Am Abend gehe ich über den Berliner Kurfürstendamm. Ich drücke mich an die Mauern wie ein Hund.
Ich bin einsam, aber ich habe das sichere Gefühl, von
der Vorsehung geführt zu werden. Manchmal muß ich
ein Gitter sachte umschreiten, hinter dem sich ein Garten befindet. Man darf ihn nicht betreten. Ich benei-
de die Straßenbahnen, die flott und frisch über grüne
Rasen in der Mitte der Fahrbahn dahingleiten dürfen.
Eigens für sie hat man die Rasen angelegt, als wären
sie Tiere, aus der saftigen grünen Natur nach Berlin
gebracht, und als müßte man ihnen, ähnlich wie den
Tieren im Zoologischen Garten, ein kümmerliches
bißchen von ihrem Milieu vortäuschen. Manchmal
befindet sich hinter dem Gitter allerdings kein Rasen-
beet, sondern ein Kiesbeet. Von Ziegeln eingefaßt, in
flacher Erhabenheit, trägt es lauter kleine Steinchen,
bei deren Anblick es zwischen den Zähnen knistert.
Ich wüßte gerne, wer diese steinerne Flora erfunden
hat und ob man die Kieselsteine täglich begießt, damit sie nicht verdorren. Über den Asphalt, parallel mit
den Straßenbahnschienen im Rasen, rattern die Au-
tobusse und die Automobile, um Verkehrsstockungen
zu verursachen. Oft gelingt es ihnen erst mit Hilfe der

Verkehrsampeln, die automatisch rot, gelb und grün aufleuchten, ohne ersichtliche Ursache. Sie hängen an Drähten in der Luft, überall, wo durch Querstraßen eine Kreuzung entstanden ist, Augen, die leuchten, aber blind sind. Wenn sie böse sind, werden sie rot, und wenn ihr Zorn verraucht, werden sie grün. Wenn sie rot sind, müssen die Gefährte stehenbleiben. Manchmal gelingt es den Verkehrsampeln, zur richtigen Zeit rot zu werden, das heißt: wenn aus den Querstraßen ein paar Lastautomobile kommen. Meist aber werden sie schon zornig, wenn auch nur ein Radfahrer aus einer Querstraße kommt oder ein Mann mit einem Karren. Selbst die Schutzleute, die doch ohne Zweifel das Gesetz vertreten, sind ohnmächtig gegenüber den Ampeln in der Höhe, den wirklichen Augen des Gesetzes, mit denen verglichen die Augen der Polizisten nur eine Metapher sind.

Manchmal unterbrechen die Reihe der Wohnhäuser Kaffeehäuser, Kinos und Theater. Sie sind es eigentlich, denen der Kurfürstendamm seine Bedeutung als Verkehrsader zu verdanken hat. Gott weiß, was er ohne sie wäre! Deshalb sind sie unaufhörlich bemüht, seine Größe zu heben. Da sie seine Ansprüche auf internationale Bedeutung kennen, streben sie nach Internationalität. Ein Gasthaus wird amerikanisch, ein Kaffeehaus französisch. Zwar sieht es niemals aus wie

in New York oder in Paris. Aber es weckt Reminis-
zenzen an dieses oder jenes. In ihrer Bescheidenheit
halten sie sich nur für gelungene Imitationen, aber sie
sind in Wirklichkeit mißlungene Originale. Im amerikanischen Restaurant sind die Speisekarten englisch.
Wahrscheinlich ist die Muttersprache der Gäste sozusagen Deutsch, aber ihre Umgangssprache wechselt
nach Laune und Vergnügungsort.

Es kommt ihnen nicht darauf an, sie verstehen auch
Englisch. Im französischen Kaffeehaus sitzen sie draußen, auf der ›Terrasse‹, frieren und fühlen sich pariserisch. Ja, sie sind noch mehr als pariserisch, weil sie es
in Berlin sind. Offenbar infolge einer baupolizeilichen
Verfügung müssen die Terrassen eingezäunt sein und
deutlich von der Straße abgegrenzt. Nun unterscheidet sie gerade diese Abgeschlossenheit von den Pariser
Terrassen. Aber es kommt auf die Ähnlichkeiten an
und nicht auf die Unterschiede. Auf manchen Terrassen leuchtet ein violettes Licht, das an Totenkammern
erinnert. Trotzdem lacht man bei dieser Beleuchtung.
Aus dem Zusammenstoß der Leute, die von den Terrassen kommen, mit den anderen, die zu den Terrassen gehen, ergibt sich dann das Leben und Treiben der
Fußgänger. Wenn sie die Straße überqueren wollen,
begeben sie sich zu einer Kreuzung. Haben sie Glück,
sind die Ampeln gerade grün, und sie gelangen unge-

hindert auf die andere Seite, wo ebenfalls Terrassen lagern.

An den Rändern der Bürgersteige stehen Bäume und vor den Gittern Zeitungshändler. Die Nachrichten sind schauderhaft. Die Zeitungen sind schneller als die Zeit, nicht einmal das Tempo, das sie selbst erfunden haben, kann ihnen nachkommen. Atemlos rennt der Nachmittag dem Spätabendblatt nach und der Abend dem Morgenblatt vom Morgen. Die Mitternacht sieht sich bereits mit Schrecken vom morgigen Nachmittag überholt und hofft inbrünstig auf einen Streik der Setzer, um sich einmal in Ruhe wie eine Mitternacht betragen zu dürfen.

Auf diese Weise erstreckt sich der Kurfürstendamm rastlos Tag und Nacht. Auch wird er renoviert. Man muß diese zwei konkreten Eigenschaften deutlich hervorheben, weil er von Stunde zu Stunde sozusagen Moleküle seiner Körperlichkeit an seinen kulturhistorischen Charakter abgibt. Obwohl er nicht aufhört, eine »wichtige Verkehrsader« zu sein, ist es doch, als wäre es nicht sein Ziel, zu einem Ziel zu führen, sondern so lang er sich auch erstrecken mag, ein Ziel zu sein. Befände sich dort, wo er aufhört, nicht eine andere Straße, er wäre imstande, sich noch weiterhin zu erstrecken. Ohnedies sind seine Dimensionen schrecklich genug. Seine furchtbare Fähigkeit, sich unaufhörlich zu erneuern, zu ›renovieren‹ also, widerspricht allen natürlichen Gesetzen von Jung-Sein und Alt-Werden. Seit langem bemühe ich mich, das Geheimnis zu erraten, das ihn befähigt, trotz jedem jähen Wechsel seiner Physiognomie doch noch erkennbar zu bleiben, ja sogar immer mehr Kurfürstendamm zu werden. Unwandelbar ist seine Wandelbarkeit. Langmütig ist seine Ungeduld. Beharrlich seine Unbeständigkeit. Eine launenhafte Laune der Schöpfung, könnte man sagen, wäre die Annahme gestattet, daß sie ihn gewollt hat ...

Dies scheint aber leider nicht der Fall zu sein.

—— JOSEPH ROTH

STADTMITTE WEST –
DER KURFÜRSTENDAMM

Seit heute morgen Regen. Berliner Regen, kein Ende in Sicht. Vor dem Discountladen Ecke Niebuhr aufgequollene Faltkartons. Spärliche Kundschaft, die Kartons gehen nicht weg. Gegenüber wird schon wieder ein neuer Laden für Gebrauchtes eröffnet; ein paar jener Berliner Jünglinge, von denen man nie genau weiß, wovon sie eigentlich leben, sind seit drei Stunden dabei zu dekorieren. In dem Laden stand früher meine Milchfrau. Früher, und weißt du noch – jetzt fang ich auch schon an. Dabei sind es doch erst fünf Jahre, daß die Leute von Grieneisen sie abgeholt haben. Grieneisen ist – wenn Sie in Berlin nicht bekannt sind ... –, aber das können Sie sich ja wohl denken. Ist 'ne Branche mit Zukunft in Berlin. Jedenfalls gibt es in dem Laden bald Gebrauchtes, echt antik, Barankauf auch größter Nachlässe zu Höchstpreisen. Je näher man zum Kudamm kommt, desto höher werden die Preise. Selbst für Nachlässe.

Bei Alexander vorn an der Ecke Bleibtreu sind die Tische unter der Markise beiseite geräumt. Ein alter Mann steht im Regen, vor dem Postershop. Er sieht älter aus, als er ist. Abgerissen sieht er aus. So was wäre in Paris Clochard. In Berlin trägt er Krawatte, Pardon: Selbstbinder. Selbstverständlich auch Aktentasche. Und steht im Regen.

»Entschuldigen Se bitte, mein Herr« – mich meint er, will er Geld? – »Können Se mirn Jefalln tun?« – »Na, was soll's denn sein?« – »Könnten Se für mich vielleicht die paar Blumn hier abjeben, jrade übern Damm?« Abgerissen sieht er aus. Ich dränge ihn unter Alexanders Markise: »Sehr liebenswürdig, der Herr«, er kramt aus seiner Tasche, abgerissen ist sie, ein Blumenladenpapier. Beim Kramen sehe ich die Flaschen darunter, doch schon wickelt er die Blumen aus und zeigt sie mir. Liebe Blumen sind es, sag es mit Blumen, doch er: »Ick habe nochn Brief jeschrieben«, sagt er und kramt in der Aktentasche unter den Flaschen, dann in den Rocktaschen, zwischen Papieren und Briefen und Fotos, o große sentimentale Familie der Berliner!

Endlich hat er den Brief. Drüben in dem Laden übern Damm arbeitet sie, ich bringe die Blumen hinüber. Adrett ist sie, propper, Verkäuferin am Kudamm, weiß Gott. Freundlich nimmt sie Brief und Blumen, freundlich und erstaunt: »Danke sehr, mein Herr.«

Durch Regen wieder herüber, wo sich der Abgerissene hinter eine Litfaßsäule drückt. »Wat hat se jesacht? Wat? Dankesehrmeinherr, hat se jesacht? Dann kommt se heute abend, dann kommt se. Danke sehr, mein Herr. Wie spät isset jetzt. Entschuldigen Se, ick habe keene Uhr mehr, ick habe meene Uhr verkooft. Schon zwee Taje war ick nich uff Arbeit und habe bereits zum Alkohol jejriffen: Wissen Se, mein Herr, ick liebe ihr ...«

Seine Geschichte erzählt er, es regnet noch immer, auf dem Kurfürstendamm.

Der Kurfürstendamm hat Platz für Geschichten. So viele Geschichten hier spielten, niemals die Geschichte. Bis zurück ins Jahr 1542 lassen sich Anekdoten verfolgen, als der brandenburgische Churfürst Joachim II. weit draußen im Grunewald ein Jagdschloß baute. Das Einweihungsdatum verbürgt die Geschichte: Aber daß der Churfürst auch einen Damm bauen ließ, um von seiner Residenz zu Berlin halbwegs bequem durch die sumpfige Niederung zum Grunewald zu kommen, steht in keiner Urkunde. Sollen wir deshalb daran zweifeln? Als ob es weniger geregnet hätte damals in Berlin.

Vor den Toren Berlins, um genau zu sein, denn besagter Churfürstendamm führte immer noch durch Sümpfe und an einsamen Dörfern vorbei, als aus den Enkeln der brandenburgischen Churfürsten längst Könige in Preußen und deutsche Kaiser geworden waren. Man sieht – Geschichte war nicht die treibende Kraft ... Ein weitsichtiger Bauunternehmer aus Hamburg war es, der Wilhelm 1. die Vorstellung eingab, daß Berlin und Potsdam eine einzige Stadt werden müßten, verbunden durch den Grunewald als Park. Kanzler Bismarck war dafür, er wollte es den eben besiegten Franzosen gleichtun und gab Order, den vergessenen Damm des alten Joachim auf 54 Meter Breite auszubauen. 1884 begann man zu pflastern. Und zu spekulieren. Dann zu bauen. Einfallslose Einheitsarchitektur, mit einer besonderen Fassade vorneweg. Jedes Haus bekam seine besondere Fassade. Das war der Einfall.

»Wie lange wird es dauern, bis der Kurfürstendamm ganz bebaut ist? Dann erstreckt Berlin sich bis an den Grunewald, der Zoologische Garten liegt mitten in der Stadt ...« 1885 gab sich Frau Wilhelmine diesen Gedanken an die Zukunft hin, die durch sieben Bände bewährte Heldin von Julius Stindes Romanfolge »Familie Buchholz«. Die Zukunft ließ nicht lange auf sich warten. Auch die Seitenstraßen füllten sich, zwischen Berlins Nachbarstädten Charlottenburg und Wilmersdorf wurde ein neuer Stadtteil aus dem Boden gestampft: Berlin W.

Um 1900 war der Kurfürstendamm berühmt. Die Berliner waren damals noch skeptisch – er war ihnen zu vornehm. Beliebter wurde er erst, als man die Erdgeschosse zu Läden umbaute. Zu Kaffeehäusern. Das Café des Westens war lange Zeit der Treffpunkt. Dann das Romanische neben der genauso romanischen Gedächtniskirche, die Wilhelm II. für seinen Großvater Wilhelm den Großen baute. Trotzdem blieb der Kurfürstendamm beliebt. Auch nach Wilhelm II. Hier konnte man flanieren. Mondän sein. Große Welt spielen. Das fällt schwer sonst in Preußisch-Berlin. Nicht nur wenn es regnet.

Bald regnete es Bomben. Der Kudamm brannte ab. Auch die Linden, die Friedrichstraße, die Leipziger Straße waren zerstört. Aber das war so weit weg. Die ausgebrannten Fassaden des Kudamms wurden zum Fanal eines unbändigen Heimwehs.

Das Land Berlin dankt es ihnen heute mit preußischer Akkuratesse: »Hier wird im Rahmen der Stadtbildpflege die Fassade instandgesetzt«, lese ich auf einer roten Tafel am Gerüst über dem Bristol und lese weiter: »Der Senator für Bau- und Wohnungswesen, VI E 5.«

Man lasse sich nicht täuschen. Der Kudamm hat seine Rolle als Fassade der notgedrungen neuen Stadt Berlin-West längst ausgespielt. Da ist nichts mehr »instand« zu setzen, lange genug war der Kudamm das Potemkinsche Dorf vor Notopfer Berlin und Berliner Ferienkindern.

Bereits der Baedeker von 1954 vermeldete anerkennend: »1945 waren an der 3,5 km langen Straße von

235 Häusern nur 43 ganz bewohnbar geblieben, jetzt sind wieder über 100 bewohnt, und die 1 km lange Strecke von der Knesebeckstraße bis zur Gedächtniskirche hat wieder Gesicht gewonnen ...«

Schnell hatte der Kudamm auf der ganzen Länge wieder »Gesicht«. Über die letzten Baulücken sah man schon immer mit toleranter Neugier hinweg, wußte man doch: Ein Jahr später wird da ein Abschreibungspalast mehr stehen aus Glas und Marmor, eine Handvoll gutgeführter Läden und Büros mehr – das fällt ja gar nicht mehr auf, Menschenskind, du bist ja schließlich in Berlin.

Leere Fassaden halten dieser Stadt nicht stand. Das ist immerhin übriggeblieben von ihrer Skepsis.

Der Abgerissene, der mir seine Geschichte erzählt, wohnt in Moabit. Seine Blumensträuße trägt er zum Kurfürstendamm. Der Kudamm ist Berlins gute Stube geworden, nicht mal die Hunde, die sonst alles dürfen in Berlin und wo es sie gerade ankommt – nicht mal die Hunde dürfen hier ...

An einem Ende der Straße erhebt sich neben romanischen Gedächtnisfragmenten Berlins aufwendigster Kirchenneubau, am anderen, in Halensee, verlieren sich die intimsten Nachtlokale. Dazwischen gibt es alles, woran die »daheimgebliebenen« Berliner hängen, alles, was man so oft schon vermißt hat in Hamburg oder Essen oder Frankfurt. Angefangen beim Kempinski und aufgehört beim Bulettenstand an der Joachim-Friedrich-Straße ...

Die Geschichten fallen dich hier an und die Schicksale – in des Lebens Mitten stehst du hier, Zuschauer und Darsteller in einem, siehst die Touristen aus Illinois und Pforzheim ihre Schmalfilme abdrehen, bald wirst du in Illinois und Pforzheim an die Wand geworfen als friedfertig kaffeetrinkendes Requisit dieser bestrickenden Straße.

Andere Filme sind aufgenommen worden in den letzten Jahren, die Tumult zeigen: revoltierende Jugend, Polizei im Einsatz, Polizei im Steinhagel, Schlacht und Kesselschlacht – mit dem Kudamm als strategischer Linie.

Die alten Berliner empörten sich. Unser Kudamm ... Bis viele der Alten merkten: Viele der Jungen sind gar nicht so. Sie wichen dem Gespräch mit den Jungen nicht mehr aus, viele jedenfalls. »Einige«, sagt das Mädchen aus der Basisgruppe, das Samstag nacht Zeitungen verkauft Ecke Wilmersdorfer.

Ist es von Belang, wie viele es sind, die hier miteinander sprechen? In den Cafés. Manchmal auch an den Ecken. Am berühmten Kranzler-Eck, Ecke Joachimstaler.

Der Kurfürstendamm hat Karriere gemacht: Er ist

zum Forum geworden, zu einem Platz, an dem man miteinander spricht. Miteinander sprechen kann.

»Entschuldigen Se bitte, mein Herr. Es ist noch lange hin, bis se Feierabend hat, wolln wer nicht zusamm een Bier trinken −«

Es regnet noch immer, die Lichter der Verkehrsampeln werfen nasse Farbkleckse auf den Asphalt, wir sitzen bald in einer trockenen, gasbeheizten Veranda, schneller als sonst gehen die Menschen heute an den Glasvitrinen vorbei − wer flaniert schon gern im Regen −, schneller als sonst wird es heute dunkel, und dann, am frühen Abend, läßt du dich wieder von ihm rühren. Spürst du ihn hier so deutlich wie nirgendwo sonst. Den aufgeregten Pulsschlag der eingezwängten Riesenstadt.

—— HANNS STRAUB

RENNEN UND TRÖDELN

Das Fenster des Kinderzimmers geht auf den Hof, der
nicht gerade ein Lichtschacht ist, aber doch eng und
dunkel, und reizvoll nur, wenn von seinem Grunde
die Stimmen der Hofsänger heraultönen, die Scheiben
ringsum klirren und kleine in Zeitungspapier gewi-
ckelte Münzen herunterfliegen, die Tauben des armen
Mannes, der das holprige Pflaster nach ihnen abwei-
det, und dort, dort, rufen die Kinder und hängen gefährlich weit zum Fenster hinaus. Aber das geschieht
vor der Schule fast nie. Früh am Morgen, vor der Schule, stellen die Kinder einen Schnürstiefelfuß auf die
Stufe des Erkers, schnüren und reißen die brüchigen
Senkel ab, knoten und schnüren wieder, starren in das
daneben aufgeschlagene Schulbuch, trinken angewidert ihren Eichelkaffee, der in einer geblümten Tasse
ebenfalls auf der Stufe steht. Hinten werden ihnen dabei von Kindermädchen die langen Zöpfe geflochten,
die Graubrotscheibe mit der Rübenmarmelade bleibt
unberührt. Auf dem schmalen Korridor rennen sie
mit der Stirn gegen das wieder einmal nicht zur Seite gebundene Turngerät, der Schädel brummt wie ein
Maikäfer, Maikäfer flieg, mein Vater ist im Krieg, die
Mutter schläft noch in ihrem breiten Bett, wird sich

später frisieren lassen, Einkäufe machen, zur Gesangsstunde gehen. Das Treppenhaus ist vornehm mit goldenen Lanzenspitzen am Liftgehäuse, mit Wasserlilien im Mosaikfenster, mit statt des Geländers einer dicken blauen Kordel, deren Bommeln der Portier ein Feind ist, an dem man sich mäuschenklein vorbeischleichen muß. Die Von-der-Heydt-Straße, in der die Kinder zuhause sind, ist langweilig, mit schmalen Vorgärten und überhaupt keinen Geschäften, daß gegenüber der Admiral von Tirpitz wohnt, interessiert nicht, eher schon die Gedenktafel für eine junge russische Mathematikerin, Sonja Kowalewska, deren Beruf befremdet, deren Name jedoch entzückt. Ob auf der Herkulesbrücke wirklich ein bronzener Herkules gestanden hat, werden sich die Kinder, viele Jahrzehnte später, wenn die ganze Gegend Ödland ist, nicht mehr erinnern, aber auch da genügte gewiß schon der Name, ein Stück griechischer Sage in dem grauen Berliner Morgen, durch den die Kokswagen rumpeln und die Glocke des Bolle-Milchmanns gellt. Auf der Brücke muß man stehen bleiben und nach einer Leiche Ausschau halten, es schwamm eine Leiche im Landwehrkanal, Landwehrkanal, das Lied wird zuhause im Chor gesungen, und die Mutter hält sich die Ohren zu. Der Schulweg besteht aus Rennen und Trödeln, der hübsche, mit Bäumen und Büschen bestandene Lützowplatz wird im Laufschritt überquert, in der Schillstraße, der Nettelbeckstraße wird dann wieder getrödelt und in die Schaufenster gesehen. Unbedingt stehen bleiben muß man vor der Auslage mit den Schneiderpuppen, hohe Brust und flacher Leib, statt der Beine ein schwarzer Dreifuß, eine glänzende Holzkugel statt des Kopfes, eine wie die andere, aber für die Kinder keineswegs alle gleich aussehend, so daß sie ihnen Namen gegeben haben, Fräulein Rose von Tannenburg, Fräulein Pimpelmaier, Fräulein Maurokordatis, und wenn das Fräulein von Tannenburg vorne steht, müssen sich die Kinder rasch und unauffällig anspucken, weil sie schon wissen, daß dieses Fräulein Unglück bringt. Stehen geblieben wird auch vor den Sarggeschäften, die es bisher in großer Anzahl gibt, mit brennenden Kerzen auf hohen Kandelabern, mit Wachsliliensträußen und silberbeschlagenen Prachtsärgen, leeren natürlich, die aber für die Kinder bewohnt sind von geheimnisvollen Toten, die eines Tages, gerade, wenn sie vorbeikommen, den Deckel zurückschlagen und sich erheben werden. Bei den ebenso zahlreich vertretenen Antiquaren gibt es außer den von zuhause bekannten und darum unbeachteten »antiken« Möbeln Dinge von größter Anziehungskraft, einen Ring mit einem gemalten Auge, ein Schiff in einer Flasche, ein flaches, von Schlangenhaaren umgebenes Gesicht aus grobem Kalkstein, das die Augen fürchterlich aufreißt und eine graue Zunge heraushängen läßt. Der in frischen Farben gemalte Jüngling, der, an einen Baum gebunden und von vielen Pfeilen durchbohrt, furchtbar blutet, befindet sich im letzten Geschäft links, wenn die Kinder, bis zehn zählend, seinen Anblick ertragen haben, biegen sie schon in die Kleiststraße und rennen wieder, aber mit aufmerksam nach links gewendeten Köpfen, um den Augenblick nicht zu verpassen, in dem die rote U-Bahn aus der Tiefe auftaucht oder sich vom hohen Damm in die Tiefe hinabstürzt, der Station Wittenbergplatz zu. Hier ist aus einem Kellerlokal einmal ein Betrunkener auf die Kinder zugetorkelt und hat sie gestreichelt und dann plötzlich geschlagen, ein wenig weiter, auf dem Platz schon, ist gerade neben ihnen eine Frau zusammengebrochen, eigentlich in sich zusammengesunken, kreideweiß, knochenlos, und die rasch herbeigeeilten Erwachsenen haben die Köpfe geschüttelt, haben Hunger, nichts als Hunger, gemurmelt und nach der Polizei geschrien. In dem kleinen Bahnhofsgebäude die Treppe hinunterzulaufen, um den eisigen Schluchtenwind der vorüberjagenden Züge zu spüren oder sich auf der Tauentzienstraße auf eines der Lichtschachtgitter zu stellen, aus denen es seltsamerweise nicht kalt, sondern backofenwarm heraufdringt, wäre verlockend, aber dazu kommt es am Morgen nie. Am Morgen wird, nach einem Blick auf die KaDeWe-Uhr, jener raffiniert schnelle Gehschritt eingeschlagen, der das in der Nähe des Schulhauses verbotene Rennen ersetzt. Spreizbeinig, bodennah hasten die Kinder die Passauer Straße hinunter vorbei an den großen Warenhausscheiben, hinter denen ganze Rudel von rotbäckigen, immer schulfreien Altersgenossen in hübschen Mäntelchen ihre rosigen Finger nach künstlichen Weidenkätzchen strecken. In den Schulranzen, noch trägt man sie, klappern die Federkästen, der Atem pfeift, die Hälse sind rauh. In der Tür steht die Direktorin und mustert finster die Nachzügler, sie ist überaus gescheit und leidet an einem schlimmen Nervenzucken, das bei ihrem Anblick auch die Kinder überfällt. Die ganze Treppe hinauf müssen sie zucken und sogar die Augen verdrehen. Erst wenn sie, getrennt nun, in ihre Klassenzimmer treten, werden sie ruhig und setzen sich, furchtbar gähnend, jedes auf seinen Platz.

—— MARIE LUISE KASCHNITZ

TAGE IN PRENZLAUER BERG

Am besten nehmen Sie bei der S-Bahn-Station Marx-Engels-Platz, ich meine natürlich Hackescher Markt, die Sechs. Dann die Leninallee hinauf, die jetzt Landsberger heißt. Über den einstigen Leninplatz hinaus, den Platz der Nationen. Bis zur Ecke Dimitroff, die hier noch nicht Petersburger heißt.

Man bewegt sich in einer Zone und Zeit der Umbenennung.

Man fragt sich, ob man nicht besser, statt Namen gegen Namen auszutauschen, die Straßen und Plätze numerierte. Auf diese Weise müßte man nicht bei jeder Wende auch noch die Adresse ändern. Der Prenzlauer Berg heißt nach wie vor Prenzlauer Berg, auch wenn die Eingesessenen vom Prenzl-Berg reden und sich selber als Prenzlberger bezeichnen. Der Berg nennt sich nach Prenzlau, das vor kurzem Kreisstadt der Uckermark wurde. Von dem Provinzstädtchen, eine Eisenbahnstunde nördlich Berlins, weiß man vielleicht, daß es mit der Marienkirche eines der schönsten Beispiele der Backstein-Gotik vorzeigt und daß die Arbeitslosenquote bei vierundzwanzig Prozent liegt. – Der Berg bleibt Berg, wobei sich die Topographie ändern mag. Nach dem Zweiten Weltkrieg kam der Bezirk zu einer neuen Erhebung, dort, wo man die Trümmer nicht wegräumte, sondern zu einem Hügel schichtete.

Daß der Prenzlauer Berg etwas mit einem Berg zu tun hat, mag man daraus ersehen, daß die Straße, die zu ihm führt, anhebt. Nicht daß man deswegen Steigeisen anschnallt. Trifft man auf Seilschaften, dann wegen der Steilwände der Ideologie und wegen Solidaritäten jeglicher Art.

Nachdem alles restlos überbaut ist, fällt die Anhöhe dem Auge kaum auf. Daß sich hier einer der höchsten Punkte Berlins befindet, läßt sich messen. Mit einem Meter, der nach wie vor hundert Zentimeter aufweist. Im letzten Jahrhundert drehten hier Windmühlen. Geblieben ist eine. Die, welche ins Wappen kam. Auf dem Windmühlenberg wurde 1877 der Wasserturm eingeweiht, der ein Wahrzeichen abgab. Neben dem Wasserturm, dem »dicken Hermann«, der »dünne Hermann«, der ältere Standrohrturm. In den Keller-geschossen des »dicken Hermann« hatte die SA in der Nazifrühzeit eines ihrer wilden KZ eingerichtet. Nach wie vor ein Turm mit Wohnungen im Tortengrundriß. Zusätzlich wurde ein Kindergarten eingerichtet, und das Wasserbecken mietete eine Fischhandlung.

Die Hügel werden längst nicht mehr genutzt wie einst. Hier soll einmal Wein gezogen worden sein. Der »Volksgarten am Weinberg« erinnert daran. Wo einst

Reben angepflanzt wurden, legte die Gemeinde St. Nikolai ihre Gräber an. Auch die Traube kam als Reminiszenz ins Wappen. Wichtiger, und nicht nur fürs Wappen, war der Hopfen. Der Prenzlauer Berg ist nicht zu denken ohne seine Brauereien. Schultheiß, Pfeffer, Groterjan, Bötzow, von Lipps und Jostn stehen dafür, daß sich hier um die Jahrhundertwende das größte Brauzentrum Berlins befand. Da die Brauereien verkaufen wollten, was sie brauten, errichteten sie Biergärten. Hier durften Familien Kaffee kochen und Mitgebrachtes verzehren. Aber man kam hierher nicht nur, um einen zu zwitschern oder um zu schwofen. Neben dem Biergarten der Allwetter- und Winterausschank. Einer der berühmtesten Restaurationsbetriebe blieb der »Prater«. Er unterhielt eine veritable Theatertruppe und bot mehr als Varieté. Er verfügte über Säle für jeglichen Anlaß, auch für jedes Kapitel deutscher Geschichte. Hier redete Clara Zetkin und propagierte Karl Liebknecht seine freie sozialistische Republik. Hier versammelten sich Nazis. Während des Krieges herrschte Programm-Stille. Zur DDR-Zeit bauten russische Architekten die Freilichtbühne. Auf ihr sangen Jungpioniere Mitgebrachtes. Erich Weinert trug seine Lyrik vor, und Ernst Busch dirigierte »Vorwärts und nie vergessen«. Daß der Prater augenblicklich im Umbau ist, hat auch mit Geschichte zu tun.

Keine der Brauereien ist mehr in Betrieb. Das Gelände der Schultheiß gilt als eines der kompaktesten noch bestehenden Fabrikensembles vom Ende des letzten Jahrhunderts. Da findet der Jugendklub »Franz« ebenso problemlos Platz wie das Möbelhaus »Max der hat's« oder Galerien. Nicht mehr Bier wird gebraut, sondern Kultur. [...]

—— HUGO LOETSCHER

SINGERSTRASSE

Hier haben sie gewohnt. Hier auf der Singerstraße. Und nicht, wie manche erzählen, auf der Kraut oder auf der Blumen. Oder in Prenzlauer Berg oder Weißensee. Oder am Ende in Lichtenberg. Welche sagen in Werneuchen. Hier auf der Singerstraße haben sie gewohnt, in Friedrichshain. Genau hier stand ihr Haus, genau da, wo jetzt die picobello Kaufhalle steht, und genau daneben standen andere von der gleichen Sorte. Und da, wo jetzt die Telefonzelle steht, stand die alte grüne Pumpe aus Guß, wo sie schon als Kinder gespielt haben und wo fünfundvierzig die ganze Singerstraße Wasser geholt hat.

Damals ging die Singer noch durch bis zur Frucht, heute Straße der Pariser Kommune. Direkt am Küstriner Platz, heute Mehring-Platz, kam sie auf die Frucht, da wo jetzt das eine von den großen Studentenhäusern steht. Da war Schuberts großer Lampenladen, vis-à-vis Neumanns Kneipe, dann kam Bäcker Hellwig, Schuster Lehmann und der Glaser. Das war schon Pauls Haus. Da ist er geboren worden. Dann hatten wir noch eine Molkerei, da gab es nach dem Krieg noch Kühe auf dem Hof und ein Eiswerk, das von Lau. Der hat noch bis vor vier Jahren Eis mit seinen Gäulen ausgefahren, für unsere Eiskästen. Auf der Singerstraße hatten wir alles. Auch ein Kino. Das war in Paulas Haus. Eins von ihren Zimmern lag direkt neben der Tonkabine. Sie konnte alle Filme umsonst hören. Aber rein ging sie auch, von klein auf. Sie war eine große Kinomaus.

Geboren war sie aber nicht in der Singerstraße. Ihre Mutter zog siebenundvierzig zu. Ihren Vater hat man nie gesehen. Sie hatten einen Spreekahn, der wurde dann abgewrackt. Die ›Paula‹. Auf der ›Paula‹ ist Paula zur Welt gekommen. »Alle Weiber und alle Kähne hießen bei uns Paula«, wie sie immer gesagt hat. Es hatte schon immer zuviel Mädchen und zuwenig Jungs in der Familie gegeben und zuletzt gar keinen mehr. Da stand Paulas Mutter noch lange am Steuer, bis sie nicht mehr konnte, auch wurde der Kahn morsch. So zogen sie in die Singerstraße. Paulas Mutter hat dann nicht mehr lange gelebt. Aber ihren Enkel, Paulas ersten Jungen, den hat sie noch gesehen, der drei Jahre später direkt vor Paulas Haus von dem Taxi überfahren worden ist. Manche sagen, es war in der Frucht oder in der Koppen. Es war aber genau vor Paulas Tür. Das war das Tragische. Paula brauchte nur aus dem Fenster zu sehen. Er war ein netter Junge. Dick und fröhlich. Paula war stolz auf ihn. Wieder ein Junge in der Familie. Sie dachte wieder an einen

Kahn. An dem Tag damals war es in der ganzen Singer still wie in einem Grab.

Der Taxifahrer war blaß wie ein Leichentuch. Es war nicht seine Schuld. Der Junge war ihm direkt vor den Wagen gelaufen. Er kam aus dem Kino, aus der Nachmittagsvorstellung. Paula ließ die Kinder oft nachmittags ins Kino gehen. Die Große und den Jungen. Sie hat immer gesagt, besser im Kino als auf der Straße rumlungern.

Meine Person hört die Bremsen noch wie heute quietschen. Und dann Totenstille. Wo jetzt nichts ist außer Beton, da war früher im Kopfsteinpflaster ein Gulli, direkt vor Paulas Tür. Und da rein floß das Blut von dem Jungen. Die Polizei hat dann Sand draufgestreut. Von uns wäre dazu keiner in der Lage gewesen. Wir waren wie vor den Kopf geschlagen. Um den kleinen Körper wurde ein Kreis gezogen, mit Kreide, bevor sie ihn weggenommen haben. Niemand hat die Kreide weggewischt. Man konnte sie noch ein halbes Jahr später sehen. Die ganze Singer machte einen Bogen um die Stelle. Meine Person geht heute noch nicht drüber. Sie haben den Beton einfach drübergegossen.

Dreiundvierzig, am fünften April, das wird keiner vergessen, in der Nacht auf den sechsten, als fast ganz Friedrichshain rechts von der Frankfurter zu Bruch ging, fast die ganze Koppenstraße, die halbe Frucht, der Küstriner Platz, der Ostbahnhof, früher Schlesischer Bahnhof, da ging auch fast die ganze Singer zu Bruch. Dachten wir jedenfalls, als wir im Keller saßen und auf unser letztes Stündlein warteten. Es war aber mehr stehengeblieben, als wir dachten. Das war, weil die Singer mit reinem Zement gemauert war, achtzehnhundertneunzig, da hieß sie noch Grüner Weg. Die Hälfte war am Boden, auf beiden Seiten. Und die andere Hälfte haben sie letztes Jahr gesprengt. Uns Alte hatten sie schon vorher ausgesiedelt, jeden woandershin, die meisten in Altersheime. Von allen, die noch über Paulundpaula erzählen könnten, ist heute keiner mehr am Leben, außer meiner Person.

Paul gaben sie mit den Kindern drei Zimmer im selben Haus wie meine Person, neunzehnter Stock, und Paula lag schon in Baumschulenweg unter dem Rasen, im Urnenhain, ohne Grabstelle und Kreuz, gleich neben einer Birke. Sie hat es so und nicht anders gewollt. Sie hat es Paul genau gesagt: »Kein Kreuz. Kein Grabstein.« Sie wollte, daß er sie vergißt. Gras sollte über sie wachsen. Er sollte sich eine andere suchen, die gut zu ihm und zu den Kindern ist. Das hat sie immer wieder gesagt. Sie ist bis zuletzt bei vollem Bewußtsein gewesen. Sie hat auch nichts bereut. So war Paula. ›Hätte‹ und ›Wenn‹ gab es bei ihr nicht. Das war ihre große Stärke. Und ihre große Schwäche war: Sie konnte nicht Nein sagen. Ihr Herz war zu weich. Paula war ein Bild von einer Frau, vielleicht ein Stück zu klein, aber sehr sinnlich. Keiner hat sich gewundert, daß sie bei dieser Mischung mit knapp achtzehn das erste Kind erwischte und vier Jahre später das nächste. Leider nicht von Paul. Paulundpaula haben zusammen gespielt und alles gemacht, was man als Kind macht. Sie waren unzertrennlich, wie Bruder und Schwester. Die ganze Singer dachte, das wird ein Paar. Aber dann ging Paul auf die Oberschule und dann zum Studium nach Rußland. Und Paula, was sollte sie studieren mit ihren acht Klassen? Paula mußte Geld verdienen. So sind sie auseinandergekommen. Als Paul zurückkam, war Paula längst Mutter. Der Kerl war ein Säufer. Paula wußte das. Aber er hat sich an sie gehängt, es war nicht mitanzusehen. Wir haben sie alle gewarnt. Ein Kind von einem Säufer. Aber Paula wollte ihm helfen. Er sollte einen Halt finden. Keiner hat den Kerl je wieder zu Gesicht bekommen. Das Kind war aber schön, ein Mädchen, die Große. Sie ist Paula wie aus dem Gesicht geschnitten, genauso lebhaft, schwarze Locken. Paul hing an ihr, das kann man gar nicht beschreiben. Wie an seinem eigenen Jungen, der nun wieder ganz Paul ist. Als Paul vom Studium zurückkam, hat er sich nach einer Frau umgesehen. Zur gleichen Zeit war Paula ihren Säufer los und allein mit dem Kind. Damals gab es noch den Prater. Und Paula war da Stammgast und Paul auch. Eigentlich die ganze junge Singer, von klein auf. Das war Tradition. Aber Paul war lange weggewesen, und Paula hatte die Geschichte mit dem Säufer gehabt. Und genaugenommen waren beide auch schon zu alt für den Prater. Trotzdem: kaum war der Prater offen, da waren sie schon da. Man muß sich das vorstellen. Frühling, der erste schöne Tag und Paul wieder in Berlin und Paula ihren Säufer los. Da ist es dann der erste beste, beziehungsweise die erste beste. Bei Paula war es der Kassierer von der Berg-und-Tal-Bahn und bei Paul die Tochter vom Schießbudenbesitzer. Beide sind schöne Menschen gewesen. Der Kassierer hatte den Kopf voller blonder Locken, so viel und so dicht, daß man fast kein Gesicht sehen konnte. Er hatte große braune Augen, die immer nur traurig in die Welt gesehen haben. Und die Schießbudentochter war schön wie eine Fee. Der Kassierer war ein abgebrochener Musikstudent. Er wohnte in einem windigen Zirkuswagen gleich beim Prater. Die Schießbudentochter wohnte auch in einem Zirkuswagen, zusammen mit Vater und Mutter, und das mit zwanzig Jahren.

Vater und Mutter paßten auf sie auf wie Schießhunde, vor allem der Vater, und das aus gutem Grund.

Der Mann war ein gemeiner Kerl. Noch bis lange nach dem Krieg war er eine Art Rummelkönig gewesen, im Osten und im Westen, immer hin und her. Nicht nur die eine Schießbude hatte ihm gehört, sondern auch eine Geisterbahn, zwei Luftschaukeln und zwei Kettenkarussells. Eines Tages aber schnappte die Falle zu. Steuerhinterziehung, und zwar nennenswert. Also hieß es: Ab in den Bau. Die Frau mußte sehen, wie sie durchkam. Die Schießbude war ihr noch geblieben, der Wohnwagen und die Tochter. Sie sah damals schon vielversprechend aus. Als der Alte aus dem Bau kam, sah er sofort seine Chance. Er richtete die Tochter zu seinem Hauptgewinn ab. Er hat sie aufgedonnert, lange rote Stiefel bis auf die halben Schenkel, kurzes Kleid bis zum Bauch geschlitzt und raffiniert verschnürt, dazu blonde Haare bis auf die Hüften, die waren echt, und eine lange Zigarettenspitze. Dann setzte er sie auf einen hohen Hocker und machte bekannt, wer drei Blumen mit neun Schüssen schießt, kann mit ihr bis morgens früh ausgehen. Die Schüsse aber mußten aus der Hüfte sein. Jeder kann sich vorstellen, wie die Männer kamen und aus der Hüfte schossen. Nie hat es einer geschafft. Aber das Geschäft blühte. Nur das Mädchen hatte nie einen Freund. Nachts schloß der Alte den Wagen regelmäßig ab. Eines schönen Tages brauchte nur einer kommen und sie wie eine reife Frucht vom Baum schütteln. Paul kam. Paul sah sie kaum auf ihrem Hocker, da war er blind für alle anderen. Er ließ sich ein Gewehr geben und schoß, aus der Hüfte und aus allen Lagen, mit ebensowenig Erfolg wie alle vor ihm. Aber nicht wie alle anderen hat Paul dann die Segel gestrichen, sondern hat sie gefragt: »Schönes Fräulein, darf ich's wagen, Arm und Geleit ihr anzutragen?« Dem Mädchen ist vor Schreck die Zigarette aus der langen Spitze gefallen. Sie verstand kein Wort. Woher sollte sie auch Bildung haben bei dem Wanderleben? Abgesehen davon war sie stumm. Sie durfte nie viel sagen. Das gehörte zu ihrer Rolle. Stumm und schön. Paul hat sie einfach gefragt: »Wollen wir zusammen ausgehen?« Das verstand sie, und Paul hob sie vom Hocker. Der Alte zeterte, aber Paul kümmerte sich nicht um ihn. Er nahm das Mädchen einfach mit. Die Frau dachte, sie kann nun den Hocker einnehmen trotz ihrer verblichenen Reize. Aber der Alte jagte sie zum Teufel. Von Stund an blieb sein Stand leer, nur Minderjährige kamen noch. Er versöhnte sich aber bald mit Paul, als er hörte, daß Paul Akademiker ist. Paul war gleich nach dem Studium in eine schöne Stellung gekommen.

So ist Paul geheiratet worden. Ein schönes Paar waren sie aber, und eine schöne Hochzeit war es auch in der Auferstehungskirche in der Friedenstraße über der Allee, Ecke Pufendorf. Mit Glocken und Kutsche. So weit hat sich Paul als Atheist hinreißen lassen. Seine Frau war eben wirklich schön. Darin waren sich Paulundpaula ganz ähnlich. Schön mußte sein. Paulas Kassierer war auf seine Art auch schön. Collie hieß er, und er wußte genau, wie er auf Frauen wirkt mit seinem Hundeblick.

Auch bei Paula konnte ein Mann den Kopf verlieren. »Wer zum Beispiel eine Taille sehen will, die wirklich eine Taille ist, der muß zu Paula gehen«, wie Paul immer gesagt hat. Einzig ihre Augen waren eine Spur zu klein. Sie waren schön und von einer Farbe wie wenn Sonne ins Bier scheint, aber eine Spur zu klein. »Schweinsritzen«, hat Paula sie immer genannt. Paul meinte: »Löwenaugen«. Wenn sie die Augen kniff, dann glitzerte es in den Spalten. Sie kniff die Augen oft, vor allem beim Lachen. Sie hatte ein Lachen wie ein Clown, breit, und sie zeigte alle Zähne. Da war niemand, der sich nicht davon anstecken ließ, am wenigsten Paul. Paulen ist immer ganz anders geworden. Paula konnte auch wütig sein, und dann glitzerte es auch, doch es war keinem geraten, ihr in den Weg zu kommen. Aber das dauerte nie länger als drei Sekunden. Paula war aus einem Guß, das war es. Nur Schulbildung war nicht ihre starke Seite. Sonst hätte sie Collie im Prater nicht einfach nur geohrfeigt, als er zudringlich wurde, sondern etwas gesagt wie: »Sie haben keinen Geschmack, mein Herr.«

Collie ließ sofort die Finger von Paula, machte seine Hundeaugen und kümmerte sich nicht mehr um sie. Paula: »Und das war genau das Richtige, um bei mir zu landen.« Im Grunde konnte Paula keiner Fliege etwas zuleide tun. Außerdem sprach für Collie, daß er ehrlich gewesen war und deutlich gesagt hatte, was er von Paula wollte. Das war eigentlich Paulas Fall. Aber ein bißchen Romantik sollte auch sein, und der Abend im Prater hatte alles, was Paula brauchte. Die Leute, die Schlager, Paula liebte Schlager, die Berg-und-Tal-Bahn, die Lichter und darüber der dunkelblaue Himmel, und irgendwo schlug außerdem eine Nachtigall. Paula machte Runde um Runde in Collies Berg-und-Tal-Bahn. Collie ließ seine Bahn drehen, der Prater drehte sich um Paula, und Paula verdrehte sich den Kopf nach Collie. Paula hielt bis zur letzten Tour durch. Zuletzt schaltete Collie den Strom ab, und Paula mußte mit weichen Knien aussteigen. Aber sie blieb, bis keine Menschenseele mehr da war. Vor seinem Wohnwagen paßte sie Collie ab. Da wußte Collie, daß er gewonnen hatte. Er entschuldigte sich höflich für seine Frechheit am Anfang. Paula: »Und dann kam die Geschichte mit dem abgebrochenen Musikstudium.« Sein Instrument sollte Cello gewesen sein.

Meine Person hat ihn nur mit Tonband gesehen. Und dann machte er Miene, in seinen Wohnwagen zu klettern, und Paula fragte ihn: »Ist denn das nicht noch ziemlich kühl, in der Jahreszeit, da drin?« Da brauchte er bloß noch zu sagen: »Das ist nichts für Sie«, damit Paula ihn beiseite schob und noch vor ihm in dem Wagen war, und damit geschehen konnte, was geschehen mußte.

—— ULRICH PLENZDORF

BERLINER
GRENZEN

DER ABSCHIED

Später weiß Rita nicht mehr, wann die Stadt begann und wann sie zum erstenmal die Kälte in sich fühlte, die sie brauchte, um ihren Entschluß nun auch auszuführen, was immer geschah.

Sie fuhr nicht zum erstenmal nach Berlin, aber damals begriff sie, daß sie diese Stadt überhaupt nicht kannte. Sie fuhren an Laubengärten vorbei, an Parks, dann an den ersten Fabriken. Keine schöne Stadt, dachte sie. Aber man sieht ihr nichts an.

Ihr Reisebegleiter sah auf. »Ich hoffe«, sagte er freundlich, »Ihr Verlobter wohnt in Pankow oder Schöneweide?«

»Warum?« fragte Rita bestürzt.

»Man könnte Sie danach fragen.«

»Ja«, sagte sie schnell. »Pankow. Er wohnt in Pankow.«

»Dann ist's ja gut.«

Will er mich aushorchen? Oder warnen? Und was sage ich, wenn sie nach der Straße fragen? Wie wenig eigne ich mich für das, was ich da tue ... Wer soll mir glauben, daß ich es tun muß?

Zum Nachdenken blieb keine Zeit mehr. Der Zug hielt. Polizisten kamen herein und verlangten die Ausweise zu sehen. (Wenn sie mich fragen – lügen werde ich nicht. Dem nächsten besten erzähle ich jetzt alles von Anfang bis Ende.) Sie blätterten in ihrem Ausweis und gaben ihn zurück. Ihre Hände zitterten, als sie ihn in die Tasche zurücksteckte. Nicht sehr wirksam, diese Kontrolle, dachte sie fast enttäuscht.

Der Mann, der ihr gegenübersaß, trocknete sich mit einem blütenweißen, scharf gebügelten Taschentuch die Stirn. »Heiß«, sagte er.

Danach sprachen sie nicht mehr. Rita sah ihn noch einmal an der Sperre, zusammen mit einer Frau, die aus dem gleichen Zug gestiegen war und mit der er sehr vertraut schien. Dann vergaß Rita ihn. Sie hatte ihre eigenen Sorgen. In der Nebenhalle des Bahnhofs fand sie einen großen Stadtplan. Sie stand sehr lange davor und lernte fremde Straßen- und Bahnhofsnamen auswendig. Ihr war klar: In der Sache, die sie heute vorhatte, war sie ganz auf sich angewiesen. Sie trat an den Fahrkartenschalter. Zum erstenmal mußte sie preisgeben, was sie tun wollte.

»Zoologischer Garten«, sagte sie.

Gleichmütig wurde ihr eine kleine gelbe Pappkarte zugeschoben. »Zwanzig«, sagte die Frau hinter der Glasscheibe.

»Und wenn man – zurückkommen will?« fragte Rita zaghaft.

»Also vierzig«, sagte die Frau, nahm die Karte zurück und schob eine andere durch das Fensterchen.

Darin also unterschied diese Stadt sich von allen anderen Städten der Welt: Für vierzig Pfennig hielt sie zwei verschiedene Leben in der Hand.

Sie sah auf die Karte und steckte sie dann sorgfältig ein. Ich muß den Kopf für andere Dinge frei haben.

Sie war schon müde, als sie sich von den Sonntagsausflüglern durch den Bahntunnel und die Treppen hoch auf den Bahnsteig schieben ließ. Hier fing der Tag erst an. Schöne Kleider, Gedränge, Kindergeschwätz. Der gewöhnliche Sommersonntagsbetrieb. Rita stand an den breiten Türen, die sich bei jeder neuen Station lautlos öffneten und schlossen.

Zum erstenmal in ihrem Leben wünschte sie, irgend jemand anders zu sein – einer von den harmlosen Sonntagsausflüglern –, nur nicht sie selbst. Dieser Wunsch war das einzige Zeichen dafür, daß sie sich in eine Lage brachte, die gegen ihre Natur ging.

Es gab nun gar keine Wolken mehr am Himmel – wenn man sich die Mühe machte und aus dem fahrenden Zug nach den Wolken sah.

Rita wurde das peinliche Gefühl nicht los, jeden Augenblick etwas Entscheidendes zu versäumen. Sie wiederholte sich alle Namen von Bahnhöfen und Straßen, die auf ihrem Weg lagen. Was rechts und links von diesem Weg lag, wußte sie nicht und wollte sie nicht wissen. In dieser riesigen, unheimlichen Stadt war ihr eine feine dünne Linie vorgezeichnet. An die mußte sie sich halten. Wich sie von ihr ab, würde es Verwicklungen geben, deren Ende sie sich gar nicht ausdenken konnte.

Sie versäumte nichts und verfehlte nichts. Sie stieg pünktlich aus, umsichtig und ohne Hast. Sie zwang sich, in aller Ruhe ein paar Kioskfenster auf dem Bahnsteig anzusehen (das sind also diese Apfelsinen und Schokoladen, die Zigaretten, die billigen Bücher ...), und sie fand, daß sie sich das genauso vorgestellt hatte.

Unter den letzten ging sie langsam zur Sperre. Da stieß sie auf eine kleine Menschengruppe, die den Weg versperrte und ganz in ihre Gefühlsäußerungen verstrickt war. Große Freude oder großer Schmerz – es war schwer zu unterscheiden. Übrigens mochte es beides sein.

Auf einmal sah Rita im Mittelpunkt dieser Gruppe ihren Reisebegleiter aus dem Schnellzug. Die Frau, mit der er durch die Sperre gegangen war, hing jetzt an seinem Arm und weinte mit ein paar anderen Frauen um die Wette, die wohl gekommen waren, die beiden abzuholen.

Rita blieb unwillkürlich stehen. Im gleichen Augenblick traf sie ein Blick des Mannes, ihres Bekannten. Er erkannte sie. Er hob grüßend den Arm – aus dem Kreis der Frauen konnte er nicht heraus – und lächelte spöttisch.

Rita lief schnell die Treppen hinunter.

Schlimmer hätte das alles gar nicht anfangen können, dachte sie. Warum mußte mir dieser Mensch über den Weg laufen? Bin ich denn auch schon so vom schlechten Gewissen gezeichnet wie der?

Sie schloß die Augen, um alles noch einmal vor sich zu haben, wie es auf dem großen Plan war, reinlich und nüchtern. Zuerst rechts halten. Die breite Straße überqueren, vor der man (das zeigt der Plan nicht) minutenlang warten muß, ehe der vorbildlich geschulte Polizist mit eleganten Armbewegungen den Autostrom von beiden Seiten stoppt und die Fußgänger kreuzen läßt. In die berühmte Geschäftsstraße einbiegen (um die sich Legenden gewoben hatten. So schön, so reich, so glänzend sollte sie sein, daß sie es doch nicht ganz schaffte, mit ihrer eigenen Sage Schritt zu halten); ihr folgen bis zur fünften Querstraße rechts. Rita kam in stillere Straßen, ging genau und ohne die mindeste Abweichung nach der dünnen Linie auf dem großen Plan, die sie deutlicher vor Augen hatte als die wirklichen Häuser und die wirklichen Straßen. Ohne ein einziges Mal nach dem Weg gefragt zu haben, stand sie dann vor dem Haus, in dem Manfred jetzt wohnte.

Hier war sie jeden Tag in Gedanken gewesen, nun sah sie es.

Sie unterdrückte eine Verwunderung darüber, daß dieses Haus, ein Dutzendmietshaus in einer einförmigen Großstadtstraße – das Ziel der Sehnsüchte und der Flucht eines Menschen sein konnte. Sie trat in den kühlen Flur und merkte erst jetzt die Hitze, die draußen blieb. Sie stieg langsam die abgenutzte blankpolierte Linoleumtreppe hinauf. Je heftiger ihr Herz schlug, um so sicherer wußte sie: Das ist nicht harmlos, was du vorhast. Es ist ein Wagnis, und du hättest es nicht allein unternehmen sollen. Aber nun ist es zu spät, umzukehren.

Nun war sie schon an der Tür mit dem blanken Namensschild. Nun schlug die Glocke an, kurz und dünn. Schritte näherten sich. Die hagere, schwarzgekleidete Frau, die dann vor ihr stand, mußte wohl Manfreds Tante sein.

Das ganze Haus roch säuerlich von der Anstrengung, arm, aber vornehm zu sein. Es hielt sich behutsam am Rand des Abgrunds, denn hinter dieser Straße begannen die Arbeiterhäuser. Der säuerliche Geruch und das blanke Linoleum des Treppenhauses waren bis in den dunklen Flur der Wohnung gedrungen, in die Rita nun widerwillig eingelassen wurde. Befangen ging sie ein paar Schritte, trat in ein Zimmer und sah erst hier, im helleren Licht, die Frau an, die ein paar Auskünfte verlangte.

Ja, das war die Schwester der verstorbenen Frau Herrfurth. Allerdings eine vom Schicksal benachteiligte Schwester. Soweit man von einer Toten sagen kann, sie sei irgend jemand Lebendem gegenüber im Vorteil. Der kleine Zug von Triumph, der neben Selbstmitleid und bigotter Trauer um den Mund dieser Frau lag, mochte gerade daher rühren: Endlich war sie, die Lebende, einmal auf eindeutige Weise im Vorteil gegenüber der toten Schwester.

»Bitte«, sagte Frau Herrfurths Schwester. Zum erstenmal, seit ihr Neffe bei ihr wohnte, öffnete sie seine Zimmertür einem Besucher.

All ihre Tränen später galten eigentlich dem Bild, das sie in den wenigen Sekunden sah, als sie in sein Zimmer trat.

Manfred saß, mit dem Rücken zur Tür, an einem Tisch, der dicht vor das Fenster gerückt war. Er las mit aufgestützten Ellenbogen in einem Buch: Sein schmaler Hinterkopf, das kurzgeschnittene Haar, das am Wirbel hochstand, sein jungenhafter, runder Rücken. Als die Tür ging und jemand eintrat (seine Tante, meinte er), blieb er reglos sitzen, las aber nicht weiter, sondern machte sich steif zur Abwehr. Da keine Anrede kam, drehte er schließlich langsam den Kopf.

Sein kalter, abweisender Blick sagte Rita mehr über sein Leben in diesem Zimmer, als er ihr je hätte erzählen können.

Dann sah er sie.

Er schloß die Augen und öffnete sie wieder mit einem ganz neuen Blick: Unglauben, Bestürzung, auch unsinnige Hoffnung. Er trat auf sie zu, hob die Arme, als wollte er sie ihr auf die Schulter legen, und sagte leise ihren Namen. Die ungeheure Erleichterung auf seinem Gesicht tat ihr weh. Aber sie lächelte und strich ihm leicht über das Haar.

Sie hatte recht getan, daß sie zu ihm gegangen war. Aber was nun folgen würde, wußte sie bis in Einzelheiten voraus. Es quälte sie, daß die Schritte doch noch getan, die Worte noch gesagt, dieser Tag noch verbracht werden mußten. Er wußte es auch, und so ließ es sich leichter ertragen.

Das dauerte sehr kurze Zeit: Solange sie sich ansahen. Dann vergaßen sie, was sie eben noch fest und sicher gewußt hatten. Noch einmal war alles möglich.

»Aber du hast dich verändert«, sagte Manfred, als sie auf dem einzigen Stuhl saß (dem, der am Tisch stand) und er sich auf das Kopfende seines Bettes gehockt hatte.

Sie lächelte nur. Auf einmal wußten sie wieder genau, warum sie sich liebten. Wie sie vorausgesehen hatte; Nächte voll großer Qualen und Tage voll schwerer Entschlüsse verbrannten in einem einzigen Blick. In einer leichten, vielleicht zufälligen Berührung seiner Hand.

Rita sah sich um. Die Frau nebenan, seine Tante, hatte in Wochen erreicht, worum seine Mutter sich jahrzehntelang vergebens mühte: Das Zimmer war peinlich aufgeräumt. Ein kleines, unendlich ödes Viereck. Das bißchen Staub, das sich hier halten konnte, tanzte in dem langen, schmalen Sonnenstrahl, der um diese Zeit für eine halbe Stunde hereinfiel. Gleich würde er lautlos von der Tischkante herunterstürzen, auf Manfreds unbewegliche Hände. Die würden sich trotzdem nicht rühren.

Wie lange kann man so dasitzen?

Rita stand auf, und im gleichen Augenblick erhob sich Manfred, wie auf ein gemeinsames Zeichen. Sie traten in das Zimmer der Tante, die ›Vorhölle‹, wie Manfred Rita schnell zuflüsterte. Da saß die Frau am Fenster, von dieser gleichen unheimlich lautlosen Sonne angeschienen, und strickte an einem schwarzen Wolltuch für den Winter. Sie hatte nichts weiter, als die Trauer um die verstorbene Schwester, die mußte für lange Zeit reichen.

—— CHRISTA WOLF

EIN ABEND IN BERLIN

11. November 1989

Am Vorabend vor den Fernsehbildern der spontane Gedanke: Ich muß nach Berlin!

Am Morgen beim Frühstück, bei der Zeitungslektüre, reift der Entschluß: Ich fahre!

PanAm bedauert: alle Flüge nach Berlin sind ausgebucht. Kein einziger Platz? Warten Sie! Um 14.00 Uhr haben wir noch einen Platz. Und zurück? Am Sonntag? Fast unmöglich. Aber warten Sie! Auf der Maschine um 9.00 Uhr ab Berlin ist noch ein Platz frei. Gebucht!

Nun die Hotels in Berlin angerufen. Es ist kein Bett mehr zu bekommen. Endlich: Ein Hotel bietet nur noch eine Suite. Daran darf es nun nicht mehr scheitern!

Die Stimmung in der Maschine ist anders als sonst auf den längst zur Routine gewordenen Berlinflügen. Man spricht miteinander. Tauscht Zeitungen aus. Der Nachbar, ein Berliner, sagt, nun haben wir 28 Jahre darauf gewartet, und wenn es dann endlich passiert, ist man nicht dabei!

Auf der rechten Seite des Flugzeugs ist jetzt die Mauer zu sehen und der breite Todesstreifen. Bis zum

Horizont. Auf einmal stehen im Flugzeug Menschen auf. Schauen durch die Fenster auf der rechten Seite schweigend hinunter.

Am Flughafen Tegel gibt es keine Taxis. Man sieht Trauben von Menschen, die offenbar warten. Ich sehe mich um. Auf einmal hält ein Taxi vor meinen Füßen. Ich steige ein, längst entschlossen, auf dieser Reise alles hinzunehmen, wie es kommt. Ich nenne den Namen des Hotels. Am Lützowplatz. Wird lange dauern, höre ich. Die Innenstadt ist total verstopft. Ich habe keine Eile.

Bis zum Ernst-Reuter-Platz fließt der starke Verkehr noch. Dann geht es sehr langsam. Manchmal nur im Schritttempo. Trabis bestimmen immer mehr das Straßenbild. Die Menschenmengen nehmen zu. Am Bahnhof Zoo wird der Menschenstrom unübersehbar. Der Kurfürstendamm, die Tauentzienstraße, die Straßen um die Gedächtniskirche herum sind gesperrt. Zur Fußgängerzone erklärt.

Man meint, es gäbe nur noch diese Menschen, die Besucher aus dem Ostteil der Stadt. Man erkennt sie sofort. An ihren Plastiktüten, mehr noch am Ausdruck ihrer Gesichter. Dem Staunen. Dem schlichten Hinnehmen des Wunders. Das Erleben ist noch nicht zur Wirklichkeit geworden.

Niemand hastet. Niemand drängt. Man sieht kein verärgertes Gesicht. Hört kein böses Wort. Alles treibt einfach dahin. Und die Menschen aus dem Westen, aus anderen Ländern, gehen unter, lösen sich auf in diesem Strom verwunderter Freundlichkeit!

Eintauchen in die Völkerwanderung. Den Strom der Menschen mit ihren Plastiktüten. Durch den Tiergarten zur Siegessäule. Von dort zum Brandenburger Tor. Der Strom wird immer breiter. Auf der Straße stauen sich die Autos. Es geht weder vor noch zurück. Das scheint niemand zu stören. Man steigt aus. Spricht miteinander. Man hat Zeit. Ist geduldig. Niemand schimpft. Niemand hupt. Zuletzt ist die Straße gesperrt. Der wandernde Strom der Menschen füllt nun auch die Fahrbahn. Es wird wenig gesprochen. Die Erregung, die die Menschen gefangennimmt, teilt sich in einer stillen Eindringlichkeit mit. Inzwischen ist es fast dunkel geworden.

Dann ein Verharren. Ein Augenblick der Atemlosigkeit. In die Nacht ragt die Mauer Ein düsteres Bollwerk. Und auf der Mauer eine schweigende, fast unbewegliche Kette von Volkspolizisten. Nur als Silhouetten erkennbar. Mit ihren Schaftstiefeln und runden Mützen. Dahinter der narbige Scherenschnitt des Brandenburger Tors. Und darüber der Mond.

Und vor der Mauer die andere Mauer. Menschen, Menschen, Menschen. Kopf an Kopf. Kaum Bewegung. Kaum ein Wort. Ein kurzes Gejohle, ein Schimpfwort, zu den Volkspolizisten hinauf, erstickt rasch wieder in einem allgemeinen Stummsein. Blitzlichter erleuchten die gespenstische Szene. Ab und zu ein Fernsehscheinwerfer. Nur für Sekunden. Dann herrscht wieder das Mondlicht.

Von dem Aussichtsgestell sieht man hinter der Mauer weitere Volkspolizeiformationen. Lehmfarbene Uniformen. Auch hier wenig Bewegung. Aber der Eindruck gespannter Bereitschaft. In der Ferne, hinter dem Brandenburger Tor, Absperrungen. Kaum noch sichtbar. Und dahinter wieder eine Menschenmauer. Unübersehbar. Das Ende verliert sich in der Dunkelheit. Auch von dort dringt kein Laut herüber.

Noch näher heran an die Mauer! Teil werden der Menschenmauer. Stumm sein und stehen. Hoffen, daß kein Funke überspringt, diese spürbare, knisternde Emotionalität nicht zur Explosion bringt.

Weiter auf den dunklen Pfaden, mit dem Menschenstrom an der Mauer entlang, zum Potsdamer Platz. Unterwegs immer wieder das verbissene Hämmern einzelner, zumeist Jugendlicher. Sie schlagen kleine Löcher in die Mauer. Jeder Durchbruch, und sei er noch so klein, wird von den Umstehenden mit Beifall begrüßt. Doch immer wieder warnen Polizeilautsprecher vor diesen Aktionen. Die Sorge vor Provokationen ist groß. Am Potsdamer Platz haben einzelne

Buden ihr Gewerbe eröffnet. Würstchen, Getränke, Souvenirs! Man wartet auf einen weiteren Mauerdurchbruch, einen neuen Übergang. Er soll morgen früh eröffnet werden.

Weiter an der Mauer entlang zum Checkpoint Charlie. Zuletzt kommt man kaum noch vorwärts. Am Übergang stehen die Menschen noch immer dicht an dicht. Die Begeisterung hat noch nicht nachgelassen. Jeder, der von »drüben« kommt, im Trabi, per Fahrrad oder zu Fuß, wird mit Beifall begrüßt.

Unübersehbar aber auch schon der Strom der Rückkehrer nach »drüben« auf der gegenüberliegenden Seite. Man möchte fast schon so etwas wie gelassene Selbstverständlichkeit registrieren. Hoffnung auf Normalität? Wunschdenken? Die Unsicherheit ist groß. Man spürt es. Überall.

Dann ein Versuch, mit der U-Bahn Richtung Kurfürstendamm zu fahren. Eine Station. Hallesches Tor. Hier müßte man umsteigen. Aber von hier geht nichts mehr. Also zu Fuß zurück. Am Kanal entlang. Unterwegs ein Bier. Im Stehen. Mit vielen anderen. Von hüben und drüben. Man hört nur zu. Man erkennt die Menschen von »drüben« auch an ihren Stimmen. Sie berlinern genauso, aber sie sprechen gedämpfter. Und beim Sprechen blicken sie sich um. Nach allen Seiten.

Es ist weit zu laufen. Aber die Zeit wird nicht lang. Von der Gedächtniskirche läßt man sich in den Ku'damm treiben. Einfach so auf der Fahrbahn. Mit den anderen bleibt man ab und zu stehen. Schaut sich um. Man lacht sich an. Tauscht hier ein Wort und da ein Nicken. Aber es fällt einem auch Gelesenes ein. Zum Beispiel die belauschte Frage in der Lebensmittelabteilung des KaDeWe. Wiedergegeben heute morgen im ›Tagesspiegel‹: Warum braucht ihr eigentlich 83 Sorten Salami? – Ja, warum?

Immer wieder versucht die Straßenreinigung mit den Überresten der einfachen Freuden fertigzuwerden. Den Pappbechern, den Bierdosen, den Papptellern mit den Senfresten. Man stößt sie unwillkürlich mit den Füßen vor sich her. Aber auch das stört niemanden. Vor allen Banken lange Schlangen. Auch jetzt noch. Spät am Abend. Stundenlanges Warten auf das »Begrüßungsgeld«, die einzig mögliche Quelle für die Erfüllung bescheidener Wünsche. Warten, na und? Man plaudert und blickt in das bunte Treiben, die Lichtreklamen, die Schaufenster ...

Das Bierlokal am Ku'damm ist voll. Menschen von hüben und drüben. Zum Teil gemeinsam am Tisch. Gegenüber zwei junge Menschen. Ein Mädchen und ein Junge. Zwanzig vielleicht. Sie sehen einander ähnlich. Vetter und Kusine? Das Mädchen ist erkennbar aus dem Westen. Sie trägt nicht nur die Kleidung und den Schmuck, die darauf hindeuten, sondern auch die selbstsicheren Gesten und Bewegungen. Der Junge sitzt sehr gerade. Er hat sicher seinen besten Pullover an. Er genießt es. Genießt das Essen, das hübsche Mädchen, das sich sehr bemüht, nett zu sein. Ich sehe sein Gesicht, seinen Haarschnitt. Ein Typ, wie man ihn bei uns nur noch selten findet. Früher wäre er vielleicht Fähnrich gewesen. In einem alten preußischen Regiment. Am Nachbartisch drei Damen in den Fünfzigern und ein Junge von vielleicht vierzehn. Der Junge fällt mir als erstes auf. Gesichtsausdruck, Haarschnitt. Die Augen vor allem. Einst sah ich solche Gesichter hinter den Landsknechtstrommeln. Er geht einmal hinaus auf die Straße. Kommt nach einer Weile enttäuscht zurück: Comics sind seit gestern in Berlin ausverkauft!

Von den drei Damen spricht eine mit lauter Stimme. Sie ist aus Westberlin. Die anderen beiden sprechen leise, für mich kaum hörbar. Am Ende ihres Essens schreiben sie auf ihre Bierdeckel, was sie gegessen haben und was es gekostet hat. Zur Erinnerung. Der Junge hat keinen Bierdeckel. Wieder ist er enttäuscht: Wo doch noch keiner in meiner Klasse so teuer gegessen hat! Er hatte einen ›Hawaii-Toast‹ gegessen und eine Coca-Cola getrunken!

Ein Bierdeckel wird hinübergereicht. Und schon ist man im Gespräch. Man braucht nur zuzuhören. Die beiden Damen von ›drüben‹ erzählen, in Düsseldorf, in Köln, in Frankfurt würden sie jede Straße kennen.

Erstaunte Frage: Waren Sie denn schon dort? Nein, niemals. Wir stellen Stadtpläne her. Für eine westdeutsche Firma. So billig wie wir ist niemand auf der Welt! Die eine Dame ist Abteilungsleiterin. Sie bekommt 44 Pfennig Stundenlohn. Und nach 40 Jahren Berufszeit 340,- Ostmark Rente. Wie die Bettler kommen wir uns vor, sagt sie, wenn wir uns das ›Begrüßungsgeld‹ holen. Aber was sollen wir machen? Ich hatte gerade 20 Pfennig in der Tasche, als die Grenze geöffnet wurde!

Und dann der Stolz: Wir waren auch bei der Demo dabei, ich und mein Sohn, am Alexanderplatz!

Dabei fehlte noch das Gefühl, etwas erkämpft zu haben. Jetzt erst erfuhren sie, was ihre Vorgesetzten alles verschoben hätten. Mißbraucht kämen sie sich vor. Neulich sei Abschlußfeier gewesen, so eine Art ›Ersatz-Weihnachtsfeier‹. Als die Leute von der SED kamen, seien viele aufgestanden und seien weggegangen. Mit denen, hätten sie gerufen, wollen wir nichts mehr zu tun haben!

Nein, wir gönnen euch ja, daß es euch so gut geht im Westen, sagt die andere, ihr habt ja viel dafür getan. Ihr könnt auch stolz darauf sein. Nur dürft ihr nie vergessen, wie gut es euch geht! Selbst der Arbeitslose bei euch bekommt doch Geld, für das er kaufen kann, was er will. Und überall. Das ist für uns unvorstellbar. Das dürft ihr nicht vergessen!

Und dann: Und morgen früh fliegen Sie wieder zurück nach Frankfurt? Einfach so? Mit dem Flugzeug? Die Augen sind groß und feucht. Und ein bißchen ungläubig verwundert.

Langsam treibe ich im Strom zurück ins Hotel. In der Hotelhalle wird der Beginn des Karnevals gefeiert. In aufwendigen Kostümen. Das Champagnerlachen wirkt abgestanden. Sicher hat man auf Berlin angestoßen. Vor Stunden. Selbst die entblößten Schultern der Damen, die großzügig präsentierten Beine, wirken bleich.

Aber auch das gehört dazu. Zu dem Schaufenster, an dem sich heute nacht die Nasen von Tausenden plattdrücken. Einfach nur staunend und ohne zu werten.

Die Bilder ziehen durch den unruhigen Schlaf.

Am frühen Morgen stehen die Schlangen schon wieder vor den noch geschlossenen Banken. Der Taxifahrer fragt: Und wenn einer von denen mir mit seinem Trabi hinten reinfährt? Wer zahlt mir das?

Wieder im Flugzeug.

Über den Tälern und Niederungen liegt dichter Nebel. Haben wir den Grenzstreifen schon überflogen? Die Kuppen und Kämme der Mittelgebirge ragen aus dem Weiß heraus. Blau, in zerfließender Transparenz. Lösen sich auf im Horizont. Und über allem wölbt sich eine strahlende Himmelskuppel.

—— HANS GRAF VON DER GOLTZ

WIEDERVEREINIGUNG

Nicht noch einmal allein sein müssen an einem solchen Tag. Nicht noch einmal Tränen vergießen müssen, an denen keiner Anteil nimmt. Wie damals am 9. November 1989. Oder drei Tage später, als die Mauer am Potsdamer Platz fiel. Oder einen Monat später, als auch das Brandenburger Tor geöffnet wurde. Es juckte und kribbelte am ganzen Körper: hinfahren, angucken, dabei sein. Doch dann kamen die Bedenken. Was soll ich dort zwischen lauter fremden Menschen? Eingekeilt in einer wogenden Menschenmasse, aus der ich nicht fliehen kann, die mich auf Gedeih und Verderb mitzieht. Und dann: Was danach? Wohin? Niemand ist mehr da, der mir ein Bett anböte und mit dem ich reden könnte über das alles. Meine Kindheits- und Jugendjahre sind wie nie gewesen. Kein einziger von damals hat sich noch hinüberretten können in diese irre, aufregende Zeit. Onkels und Tanten: gestorben. Schulfreunde und -freundinnen: schon lange in alle Welt zerstreut. Die sonstigen Kontakte längst abgebrochen. Also, was soll ich in Berlin? Träge blieb ich im sicheren München. Sah mir alles im Fernsehen an. Hörte Radio. Von morgens bis in die Nacht. War voll informiert. Zwischendurch immer wieder Tränen.

Tränen der Rührung, des Staunens, des Wunderns, aber auch Tränen des Selbstmitleids und der Wut, doch nicht dabei zu sein. Ausgeschlossen zu sein, mich selbst ausgeschlossen zu haben.

Nun wenigstens sollte es anders sein. Den 3. Oktober 1990 – den Tag der Wiedervereinigung – wollte ich anders verbringen. Ich meinte, es nicht länger aushalten zu können, ohne endlich durch das Brandenburger Tor gegangen zu sein. Doch noch immer war da die Scheu vor dieser Stadt. Und auch immer noch diese Angst vor meinen eigenen übergroßen Emotionen. Aber es muß ja nicht Berlin sein. Schließlich betrifft die Einigung ganz Deutschland. Ich könnte auch in Sachsen, Thüringen, Brandenburg oder Mecklenburg feiern. Sachsen-Anhalt ist es dann geworden.

Ich traf mich mit meiner Cousine und ihrem Mann im Harz. Wir besahen uns Wernigerode, Quedlinburg, Thale, Stolberg. Städte wie aus dem Bilderbuch. Ich versuchte, Tourist zu sein, Tourist im eigenen Lande. Am 3. Oktober stiegen wir auf den Brocken. Der Berg verhüllte sein Haupt im Nebel. Doch bald zerrissen die Wolken. Der Himmel zeigte sein strahlendstes Blau. Der Blick ging hinunter ins Tal. Im nächsten Augenblick war wieder alles nebelumwabert. So zog es hin und her. Ein dramatisches Geschehen, passend so recht zu diesem Tag.

Er ging vorüber, und ich war überrascht über mich. Der Tag ging mir nicht mehr so an die Nerven wie die Ereignisse ein Jahr zuvor. Gewöhnt sich der Mensch so schnell an große Dinge? Nun wagte ich es doch und bin am nächsten Tag nach Berlin gefahren. Am ehemaligen Kontrollpunkt Drewitz begrüßt mich nicht nur der alte Russenpanzer wie all die Jahre vorher, sondern auch eine Reklamewand nach der anderen: Philip Morris, Marlboro usw. Der Hauch der Freiheit!

Da steht er also immer noch, der lange Lulatsch. Am Funkturm vorbei fahre ich über den Ku'damm. Doch das interessiert mich hier alles nicht. Das kenne ich zur Genüge. Ich will rüber. Ich will durchs Brandenburger Tor. Am Alex stelle ich das Auto ab und laufe. Stundenlang. Alles will ich ablaufen, was ich zwar kenne, doch noch nie so gesehen und erlebt habe wie heute. Wieder einmal spüre ich die riesigen Entfernungen dieser Stadt. Die Museumsinsel laß' ich links liegen. Wie oft habe ich schon den Pergamonaltar gesehen. Der muß heute ohne mich auskommen. Ich will einfach durch die Straßen schlendern, Gespräche belauschen, Eindrücke aufsaugen. So führt mich der Weg an der Marienkirche und am Neptunbrunnen vorbei, am Dom entlang, über zwei Brücken – dann bin ich endlich bei den Linden. Prachtvolle Gebäude zeigen, wie Berlin aussehen könnte: Staatsbibliothek, Staatsoper, Humboldt-Universität.

Dann endlich: das Brandenburger Tor. Und auch hier wieder dieses Gefühl: Es hebt mich nicht aus den Angeln. Doch je näher ich den frisch renovierten Säulen komme, desto stärker spür' ich es doch, dieses Kribbeln im Bauch, als wären da tausend Schmetterlinge. Und dann gehe ich einfach weiter. Niemand hält mich auf, kein Verbotsschild hindert mich, keine Mauer stellt sich mir in den Weg, kein Stacheldraht reißt an meinen Kleidern. Statt dessen bieten Souvenirverkäufer Mauerbrocken für teures Geld an. Und ich schaue mir die Leute an, die so etwas kaufen, und stelle mir vor, wie sie den Klumpen zu Hause ins Wohnzimmerregal stellen. Dieses Relikt eines sogenannten Schutzwalls, der beinahe dreißig Jahre lang täglich Anlaß für Sorgen, Kummer und Tränen bot.

—— GABRIELE HOLST

BERLIN
TAG & NACHT

BERLINS VERGNÜGUNGEN

Die Vergnügungen der Berliner waren im ganzen von der einfachsten Art. Ein Spaziergang im Tiergarten oder die Fahrt nach einem benachbarten Dorfe vor den Toren wurden am liebsten unternommen. Der meist besuchte Ort war Charlottenburg, wo auch viele Wohlhabende Sommerwohnungen bezogen, die sich, wie Boz sehr richtig bemerkt, dadurch auszeichnen, daß sie enger, feuchter und unbequemer sind als die Stadtwohnungen.

Um die Wanderer, namentlich sonntags, dorthin zu führen, standen außerhalb des Brandenburger Tores zu beiden Seiten der Stadtmauer lange Reihen von Wagen, jeder meist nur mit einem erbärmlichen Pferde bespannt und geräumig für zehn bis zwölf Personen, welche Ladung dann oft fünf- bis sechsmal an einem Sonntag nach Charlottenburg hin und zurück geschafft werden mußte. – Es war ein Jammer, diese Tierquälerei mit anzusehen. Einzelne der rohen Fuhrleute erzählen ohne Scheu, daß sie sich für den Sonntag ein altes, dem Verscheiden nahes Pferd für 5-6 Taler kauften und dann zu Tode fuhren, wobei sie unter Anrechnung des Fuhrgeldes und desjenigen, was sie von dem Abdecker für das Fell erhielten, ein gutes Geschäft machten.

Droschken fehlten ganz, und ich erinnere mich sehr wohl, in welche Aufregung die ganze Stadt geriet, als ein gewisser Henoch das Recht bekam, eine größere Zahl von Droschken auf den Straßen und öffentlichen Plätzen aufzustellen. Man hielt ihn für einen Narren, der sein Geld zusetzen werde. Er machte aber vortreffliche Geschäfte. Die Wagen waren recht hübsch und zierlich, die Kutscher trugen grüne Livree mit gelben Kragen. Die Pferde hatten große gebogene hölzerne Kumpte nach russischer Art über den Köpfen.

Da vom Brandenburger Tor kein Wagen abfuhr, ehe er seine Ladung voll hatte, so mußte man oft eine halbe Stunde warten, ehe der Kutscher sich entschloß, von der Stelle zu rücken. Unter tausend Vorwänden verzögerte er den Antritt der Reise. Er knüpfte am Geschirr herum, er prüfte die Sitze, gab vor, von weitem noch einen herankommenden Fahrgast zu sehen, und dergleichen. »Immer heran, mein Herr, es fehlt nur noch eine lumpige Person!« war eine gewöhnliche Redensart.

Später richtete ein Fuhrmann Kremser bessere Wagen ein, in denen nur 4 Personen Platz hatten, deren jede $1/6$ Taler bezahlte, während die Fahrt auf anderen Wagen nur $1/12$ Taler kostete. Dafür fuhr man auch mit den neuen »Kremsern« schneller und brauchte nicht so lange zu warten.

Die Freuden des Publikums waren in Charlottenburg sehr einfach. Ein Spaziergang in dem herrlichen Schloßpark, dann ein belegtes Butterbrot bei Madame Pauli im Türkischen Zelt – und die Sommersonntagsfreude war genossen. Auch das kleine Hoftheater im dortigen Orangeriehause wurde fleißig besucht; es faßte aber nur ein paar hundert Menschen.

Für die Bewohner des östlichen Teiles der Stadt hatten die an der Spree recht hübsch gelegenen Dörfer Stralau und Treptow ebenso große Anziehungskraft wie Charlottenburg. Sie waren infolge des vielen Besuchs in kleine Wirtshauskolonien verwandelt worden. In Stralau waren es die Fische aus der Spree, namentlich die Aale, die zum Genusse einluden und mit Gurkensalat verspeist wurden – wie denn auch andre Dörfer ihre eigenen anlockenden Speisen darboten, z. B. Wilmersdorf die Schafmilch. In Stralau war neben dem Fischessen auch das Fahren auf Kähnen und Segelbooten sowie das Baden ein anziehender, aber nicht ungefährlicher Zeitvertreib, dem alljährlich eine ziemlich große Zahl der Gäste zum Opfer fielen. Infolgedessen befindet sich, vielleicht einzig in seiner Art, dort ein besonderer Kirchhof für Ertrunkene, auf dem ausschließlich diese Verunglückten begraben werden. Er liegt dicht an der Kirche, deren Turm der König hatte von Schinkel erbauen lassen.

Stralau ist außerdem berühmt, weil daselbst das einzige Berliner Volksfest, der Stralauer Fischzug, am 24. August gefeiert wird. Es stammt noch aus der Zeit, in der Berlin und Kölln Fischerdörfer waren, artete aber später völlig aus. Der Pöbel erging sich – und ergeht sich wohl noch – dabei in abschreckender Roheit, und am Abend kehrt die ganze Bande betrunken zurück. Die höhere Bürgerschaft, früher auch der Hof; ja zuweilen der König, fuhren vormittags hinaus, um sich den Spektakel mit anzusehen.

Unter den Wintervergnügungen stand das Schlittenfahren und Schlittschuhlaufen obenan. Nicht nur die erwähnten Wiesen, sondern in noch höherem Maße die regelmäßig überschwemmten Flächen zwischen Berlin und Charlottenburg gestatteten im Winter die herrlichste Fahrt. Auch die Kanäle, welche den Tiergarten durchschneiden und sich um die Rousseau- und Luiseninsel schlängeln, waren gesuchte Tummelplätze der Schlittschuhläufer. Damen wagten sich damals noch nicht auf das Eis, sondern begnügten sich damit, auf Stuhlschlitten geschoben zu werden. Dies Vergnügen fand besonders auf der Spree hinter den sogenannten Zelten im Tiergarten statt. Ursprünglich waren hier wirklich bloß Zelte aufgeschlagen worden, wie man auf dem wunderschönen Chodowieckischen Kupferstich vom Jahre 1763 ersehen kann; später wurden Wirtshäuser errichtet, hinter welchen immer zahlreiche Stuhlschlitten bereitstanden. Eins dieser Häuser hatte an beiden Stockwerken lang schmale Ausbauten über dem Wasser, auf denen sich die jungen Frauen und Mädchen ansammelten, um der unten laufenden männlichen Jugend zuzusehen. Diese musterte dann behaglich die oben harrenden Schönheiten, und es war gestattet, durch Gruß und höfliche Handbewegung eine der Damen einzuladen, sich fahren zu lassen. Sie trippelte dann mehr oder weniger verschämt hinunter, und man entführte sie auf dem Stuhlschlitten, und, wenn sie aufhören wollte, wählte man eine andre. Daß ein Stelldichein zärtlicher Art hier zu den gewöhnlichsten Vorkommnissen gehörte, versteht sich von selbst. Der berühmte Bildhauer Schadow, damals schon über 70 Jahre alt, mischte sich nicht selten unter die lustige Schar und glitt auf seinen Schlittschuhen munter über die Fläche dahin.

Das Publikum war bei diesem Wintervergnügen je nach den Tagesstunden ein sehr verschiedenes, was mit der Zeit zusammenhing, zu der das Mittagsmahl in den Familien eingenommen wurde. Der Bürgerstand speiste in der Regel um ein Uhr, Vornehme um zwei oder drei, und nur ganz exklusive Leute hielten noch zu späteren Stunden das Mittagsmahl. – So machte es sich von selbst, daß die Männer und Frauen

aus den mittleren Ständen um Mittag die Bahn ver-
ließen oder sich erst nach Tische einfanden, während
die feinere Welt von eins bis um drei erschien. Auch
die frühen Morgenstunden von zehn bis zwölf sahen
ein sehr gewähltes Publikum, weil dann die Attachés
der Gesandtschaften und die unabhängige Jugend sich
auf dem Eise tummelten, während die Geldverdiener
dann zu Hause sitzen und arbeiten mußten.

Dieselben Standesverschiedenheiten nach der Zeit
machten sich auch bei den beliebtesten Spazierwegen
im Tiergarten bemerklich. Die Prinzessinnen pflegten
zwischen ein und zwei Uhr zu lustwandeln, wo dann
alles auf den Beinen war, was den Hof sehen wollte. Die
Equipagen der höchsten Herrschaften hielten an der
Stelle, wo die damals noch nicht bebaute Lennéstraße
in die auch nur spärlich mit Häusern besetzte Belle-
vuestraße einmündet. Auch der König ging nicht selten mit seinen Adjutanten ohne weiteres Gefolge im
Tiergarten spazieren. Man erzählt, daß ihn eines Tages auf der Promenade ein alter Herr ehrfurchtsvoll
grüßte, der ihm bekannt vorkam. Auf Befragen erfuhr
er von seinem Adjutanten, es sei der Minister von Al-
tenstein gewesen. Die auffallende Tatsache, daß ein
König einen seiner eigenen Minister nicht erkannte,
erklärt sich dadurch, daß Friedrich Wilhelm III. mit
denselben fast niemals persönlich oder mündlich ver-

kehrte, sondern sämtliche Vorträge durch das Zivil-
oder Militärkabinett oder durch den Oberstkämmerer
Fürsten von Wittgenstein entgegennahm.

—— FELIX EBERTY (1830)

DIE ECKE

Ich zapfe jetzt Bier. Früher war ich Schriftsteller. Da mußte ich geistreich sein. Für den »Geist« sorgen jetzt die Likörfabriken und die Brauerei. Er steht hoch im Preis. Ich mußte seinerzeit billiger liefern. Ich habe eine »Ecke«. Ecken sind die besten Geschäfte. Gegenüber läuft eine lange Bretterwand. Dorther kommt niemand. Auf der andern Seite liegen sechs Kirchhöfe. Da ist's grün und still. Ich liebe die Ruhe. Es gibt aber Gäste, die das eine tote Ecke nennen. Links und rechts um die Ecke wohnen Leute. Sie sind arbeitsam und gehen nicht ins Wirtshaus. Frühmorgens ziehe ich die Rolläden hoch. Die »Morgenpost« liegt dann schon auf der Schwelle. Mein Vorgänger hat sie abonniert. Er hat sie auch bezahlt. Vieles andere hat er nicht bezahlt. Manchmal werde ich für die Schulden haftbar gemacht. Man sagt dann: »Sie ruhen auf dem Lokal.« Das ist peinlich zu hören. Der Makler wundert sich darüber. Er ist der Mann, der machte, daß ich das Geschäft kaufen wollte, obwohl ich im Grunde gar nicht wollte. Aber er wollte, daß ich wollen sollte. Der Makler ist ein anständiger Mensch. Das hat er mir gleich zu Anfang gesagt. Es war liebenswürdig von ihm. Ich brauchte mich so nicht unnütz anzustrengen, um die Anständigkeit aufzufinden. Wenn die Rolladen oben sind, ist mein Lokal hell. Man sieht dann deutlich die Bierteller und Zigarrenstummel am Boden liegen, ebenso die eingetrockneten Bierlachen und Aschenfelder auf den Tischen. Draußen gehen die Schulkinder vorbei. Sie sind gekämmt und gewaschen, ich bin es nicht.

Die Brauer kommen. Die Herren Bierfahrer. Die Schwergewichtsgestalten. »Chef! Morjen soll'n wa eene rinschmeißen«, sagt der dicke Paule. »Na ja«, sag ich. »Na, 's jut«, sagt er. »Eene«, das ist eine Tonne Bier, das sind hundert Liter. Für mein Gefühl reicht's, um ein Schwimmbassin zu füllen. Der Makler aber hat mir eine Fünfzehn-Tonnen-Ecke verkauft, d. h. ich abgebauter Schriftsteller soll 1.500 Liter Bier im Monat loswerden. Bei der Bretterwand vor den Augen! Bei diesen Kirchhöfen vis-à-vis. Aber es steht im Bierbuch des Vorgängers.

Ich hab's nicht gelesen, aber der Makler. Er ist ein Treuhänder: er legt Geld aus eines Mannes Hand in eines andern Mannes Hand und behält dabei ziemlich viel in den eigenen treuen Händen. Manchmal überlege ich, ob ich das Vertrauen, das ich ihm schenkte, zurückziehen soll. Aber er legt vielleicht Wert darauf, ich möchte ihn nicht kränken, denn ich bin ein unerfahrener Mensch, und er hat schon zweimal ein Glas

Bier bei mir getrunken. Damit muß ein Gastwirt rechnen – sagt der Makler.

Ich habe auch ein Fräulein. Wir haben uns durch die Zeitung gefunden. Sie versteht das Geschäft. Ich verstehe es nicht, bin aber doch der Chef, weil ich dem Makler das Geld gegeben habe. Beim Schnapsschenken geht ihr ein guter Teil daneben, sie arbeitet eben nonchalant. Ich verschütte nichts, daran erkennt man den Neuling.

Sie wohnt am Schlesischen Bahnhof. Um neun Uhr morgens tritt sie zur Arbeit an. Manchmal ist sie um zehn Uhr schon da. Dann habe ich bereits das Büfett mit »Blitzblank« geputzt. Sie freut sich darüber, ich schwitze. Ich gebe ihr den Kehrbesen in die Hand und gehe in die Küche, um mich zu waschen. Wenn ich dort mit nacktem Oberkörper stehe und die Seife im Gesicht schäumt, kommt sie nach und holt Wasser, um den Boden aufzunehmen. Wenn der Boden sauber ist, holt sie Milch und Brötchen. Was von der Milch nicht überkocht, trinken wir zum Frühstück. Es gibt auch Schweinebraten. Er riecht schlecht, weil sie vor einer Woche zuviel davon kaufte; das kommt, weil sie eine hohe Meinung von meinem Geschäft hat. Der Schweinebraten muß gegessen werden. Ich gehe mit gutem Beispiel voran. Sie folgt aber nicht nach. Ich gehe allein weiter. Wenn sie fertig gegessen hat, bleibt sie bei mir sitzen. Das ist freundlich, aber ich schätze es nicht. Ich versuche, sie zart zu verscheuchen, aber meistens umsonst. Manchmal kommt der erste Gast uns zu Hilfe, indem er »Frau Wirtin« ruft. Dann erhebt sie sich lächelnd vom Sitze.

Ich gehe darauf nebenan zum Friseur. Er rasiert mich mit Nachdruck. Früher rasierte ich mich selber mit Leichtigkeit. Dies jetzt noch zu tun, wäre ein Fehler, denn der Friseur trinkt abends ein Bier und bringt mir die ausgegebenen zwanzig Pfennig zurück. Auf diesem Ereignis ruht die Umsatzsteuer. Das Ganze nennt man Geschäftsleben.

Wenn ich rasiert bin, geht das Fräulein nach der Halle. Sie nimmt Geld aus der Kasse und schlurft über die Straße. Sie hat dicke Waden und einen Kaufwahnsinn.

Sie behauptet, meine Emailletöpfe wären rostig und meine Wirtschaft habe Lücken. Neulich sollte ich gar einen Quirl bewilligen. Vierzig Pfennig! Das schlug ich rundweg ab. »Leihen Sie ihn bei Frau Spengler«, sagte ich. Frau Spengler, das ist hinten die Küchentür vis-à-vis. Sie hat einen Sohn, der am Stock geht, und einen Freund, der in Marienfelde wohnt. Vor ihrem Küchenfenster steht viel Grünes, dahinter näht sie feine Wäsche. Sie leiht uns oftmals was.

Am Nachmittag scheint die Sonne in mein Lokal

hinein. Das ist schön. Das Fräulein gähnt, die Bier-
gläser zeigen Fingerabdrücke und Bodenpilze. Um
6 Uhr kommt ein Gast. Er trinkt jeden Tag sein Malz-
bier, und ich nehme zehn Pfennige ein. Dieser Posten
ist mir sicher. Abends ist Betrieb. Vier Brüder sitzen
da. Sie bestellen zusammen einen Becher und machen
bei mir den Lärm, den ihnen der leberkranke Vater
zu Hause verbietet. Dann kommt mein Nachbar
von der Hochbahn, der nebenher mit Gebissen und
alten Spieldosen handelt, und der dicke Herr vom
Wohlfahrtsamt mit den braunen Augen, der gern und
schlecht tanzt, der entweder von seinem kranken Her-
zen oder von Salzburg erzählt. Die Frauen sitzen auch
dabei. Sie trinken Weiße mit oder ohne. Gegen zwölf
Uhr setzt der Antiquitätenhändler im Nebenberuf das
leere Schnapsglas oben auf seinen Kopf, von wo ich
es neckisch herunterhole und neu fülle. Manchmal
schreit er: »Kübler, kübeln wir noch eins«, oder aber
er wirft mittels eines Groschens eine angefeuchtete
Briefmarke an die Decke hinauf, daß sie kleben bleibt.
Dies ist Stimmung.

Der stellungslose große Bierreisende mit dem
schmutzigen Krägelchen und der dröhnenden Baß-
stimme ist auch da. Er hat kein Geld, aber vier Kinder
daheim. Seine Frau sitzt neben ihm. Die schwarzen
Strähnen hangen ihr ins Gesicht. Ich gebe ihr die

»Lustigen Blätter« zu lesen, und er spielt auf meinem Klavier den Walzer *Fleur d'amour.* Ein Arbeitsloser kauft eine Cigarette. Um zwölf Uhr rennt das Fräulein nach der letzten Bahn. Zwischen zwölf und eins kommen die heimkehrenden Grünen. Oft sind sie blau.

Wenn ich meine Gäste los bin, lasse ich die Rolladen herunter. Ich bin dann müde. Die Kasse zu zählen, gibt Gott sei Dank nur wenig Arbeit. Ich lösche alle Lichter, abgesehen von denen, die ich vergesse. In meinem Zimmer hänge ich den Rock an einen Nagel in der Wand. Kein Schrank beengt den Raum. Die zusammengerollte Hose dient als Kopfkissen. Die Matratze ist zu kurz, aber lange Gedanken hierüber sind nicht am Platze, denn die Nacht ist auch kurz. Ich schlafe traumlos.

—— ARNOLD KÜBLER

MAMA BRINGT DIE WÄSCHE

Vorgestern nacht war nun also meine Wohnung an der Reihe. Ein paar Kanister ›via airmail‹ eingeführten Phosphor aufs Dach, und es ging wie das Brezelbacken. Geschwindigkeit ist keine Hexerei. Dreitausend Bücher, acht Anzüge, einige Manuskripte, sämtliche Möbel, zwei Schreibmaschinen, Erinnerungen in jeder Größe und mancher Haarfarbe, die Koffer, die Hüte, die Leitzordner, die knochenharte Dauerwurst in der Speisekammer, die Zahnbürste, die Chrysanthemen in der Vase und das Telegramm auf dem Schreibtisch ›ankomme 16. früh anhalter bahnhof bringe weil paketsperre wasche persönlich muttchen‹. Wenigstens einer der Schreibmaschinen wollte ich das Leben retten. Leider sausten mir schon im dritten Stock brennende Balken entgegen. Der Klügere gibt nach.

Hinterher ist einem seltsam leicht zumute. Als habe sich das spezifische Gewicht verändert. Für solidere Naturen bestimmt ein abscheuliches Gefühl. Nicht an die Güter hänge dein Herz! Die Bücher werden mir am meisten fehlen. Einige Briefe. Ein paar Fotos. Sonst? Empfindungen wie: ›Jetzt geh' ich heim, leg' mich auf die Couch, guck' in den Kronleuchter, denk' an fast gar nichts, lauf nicht ans Telefon und nicht an die Tür, wenn's läutet, bin so allein, daß die Tapete Gänsehaut kriegt.‹ Damit ist's aus. Für Jahrzehnte. Und dann die Bettwäsche, die Oberhemden, die gestickten Taschentücher, die Krawatten, die mir Mutter allweihnachtlich schenkte. Die stolze Schenkfreude, die sie nach jeder großen Wäsche immer wieder neu hineingeplättet hat. Das ist nun mit verbrannt. Ich glaubte, dergleichen könne gar nicht verbrennen.

Man muß, ehe man mitreden kann, alles erst am eigenen Leib erfahren.

Oder an der eigenen Leibwäsche. Na ja.

Den Schlüssel hab' ich noch. Wohnung ohne Schlüssel ist ärgerlich. Schlüssel ohne Wohnung ist geradezu albern. Ich wollte die Dinger wegwerfen. In eine passende Ruine. Und ich bring's nicht fertig! Mir wär's, als würfe ich frisches Brot auf den Müll. Welch unsinnige Hemmungen Schlüsseln gegenüber, die wohnungslos geworden sind! Trotzdem ist es so. Non scholae sed vitae discimus.

Wenn wenigstens die Mama nicht gekommen wäre! Seit dem ersten Angriff auf Berlin hatte ich die Besuche hintertrieben. Zuweilen mit wilden Ausreden. Wozu ihre Besorgnisse durch den Augenschein noch steigern? Ein paarmal war sie richtig böse geworden. Ich hatte es hingenommen. Und nun rückte sie mit dem Wäschekarton an! Ausgerechnet in dem Augenblick, in dem mir die Engländer die Wohnung gekündigt hatten. Die Stadt brannte noch. Das Verkehrsnetz war zerrissen. Die Feuerwehr stand unrasiert und übernächtig vor züngelnden Fassaden. In der Roscherstraße war kein Durchkommen. Möbel lehnten und lagen naß, schief und schmutzig im Rinnstein. An den Ecken wurden heißer Kaffee und Klappstullen verteilt.

Was half's? Ich zog also gestern im Morgengrauen zum Bahnhof Charlottenburg. Natürlich gesperrt. Zum Bahnhof Zoo. Gesperrt. Zu Fuß an den schimmelfarbigen Flaktürmen vorbei zum Bahnhof Tiergarten. Die Stadtbahn fuhr. Bis Lehrter Bahnhof. Alles aussteigen. Pendelverkehr bis Friedrichstraße. Umsteigen. Anhalter Bahnhof. Gesperrt. Wo kommen die Züge aus Dresden an? Am Görlitzer Bahnhof. Ankunftszeiten? Achselzucken. Als ich am Görlitzer Bahnhof einpassierte, war ich genau drei Stunden unterwegs. Der Schnellzug aus Dresden. Vielleicht gegen 10 Uhr. Vielleicht auch gegen elf. Ich stellte mich an die Sperre und wich nicht von der Stelle, bis, nach endlosem Warten, der Zug einlief. Er hatte, irgendwo bei Berlin, auf freier Strecke halten müssen. Die Reisenden sahen blaß und nervös aus. Den Qualm über der Stadt hatten sie von weitem ausgiebig beobachten können. Ängstlich suchten ihre Augen nach den Angehörigen hinter der Sperre. Was alles war in der Neuzeit über Nacht möglich, wer weiß, schwerer Angriff auf die Reichshauptstadt, noch jetzt von den Bränden bonbonrosa angehauchte Rußwolken überm Dächermeer, die lächerlichen Luftschutzkeller, mit den Fenstern halb überm Gehsteig, die Gas- und Wasserröhren in Kopfhöhe, rasch tritt der Tod den Menschen an. Siemensstadt soll auch wieder drangewesen sein, und wenn Paula erst einmal schläft, kann man neben dem Bett Kanonenkugeln abschießen, sie hört nichts, dann das Kind anziehen, der Rucksack, der schwere Koffer, der verfluchte Krieg. Ley hat eine Bar im Bunker, wo hab' ich eigentlich die Fahrkarte. Mensch, gib gefälligst mit deiner dämlichen Kiste Obacht, und bitte, lieber Gott, laß ihnen nichts passiert sein ...

Da entdecke ich die Mama. Mit dem Wäschekarton in der Hand. Ich winkte, sie sah unverwandt geradeaus. Ich rief. Winkte. Rief. Jetzt bemerkte sie mich. Lächelte verstört. Nickte mehrmals. Ging hastig auf die Sperre zu und hielt dem Beamten steif die Fahrkarte entgegen.

Noch während wir in der dröhnenden Bahnhofshalle standen, berichtete ich ihr, was geschehen war. Die Wohnung sei verbrannt. Das gesamte Gartenhaus. Das Vorderhaus. Die Seitengebäude. Auch andere Häuser in der Straße. In den Straßen ringsum. In anderen Vierteln. Berlin eigne sich heute ganz und gar nicht für Mütter über Siebzig. »Weißt du was«, sagte ich, »wir bleiben hier in der Nähe, essen in einer Kneipe zu Mittag, unterhalten uns gemütlich – und mit dem ersten Nachmittagszug fährst du zurück. Es wird zeitig dunkel. Am Ende gibt's wieder Alarm. Vielleicht auch nicht; denn seit sie meine Wohnung erwischt haben, hat Berlin für sie enorm an Reiz eingebüßt. Trotzdem ...« Ich lachte ziemlich künstlich.

Da fragte sie leise: »Die Teppiche auch?«

Mir verschlug's den Atem.

»Und das neue Plumeau?«

Ich erklärte ihr noch einmal und so behutsam, wie eine Bahnhofshalle es zuläßt, daß das Feuer keine Ausnahme gemacht habe. Die Teppiche seien fort, das neue Plumeau von Thiels aus der Prager Straße, das Klavier, auf dem ich als Kind die Dur- und Molltonarten geübt hätte, die Möbel aus den Deutschen Werkstätten, die Tüllvorhänge, der Liegestuhl samt dem Balkon ...

»Komm!« sagte sie, »ich muß die Wohnung sehen!« Es gelang ihr noch nicht, die vier Zimmer aus der Welt wegzudenken. Sie lief auf die Straße. War nicht zu halten. Wir fuhren. Stiegen aus. Stiegen um. U-Bahn. Stadtbahn. Ab Tiergarten pendelte ein Omnibus. An einer Station kam ich mit der einen Hand und dem

Wäschekarton nicht ins Abteil. Der Rest war längst im Wagen. Die Leute rührten sich nicht. Ich mußte sehr laut werden, bis ich meine Hand und den Karton wieder hatte. Die Mama stand oder saß, je nachdem, und starrte ins Leere. Tränen liefen über ihr Gesicht wie über eine Maske.

Zwei Stunden dauerte es diesmal bis Charlottenburg. Vom Bahnhof aus steuerte sie den von früher her gewohnten Weg, kaum, daß ich Schritt halten konnte. Der Zugang durch die Sybelstraße war abgeriegelt. Also Dahlmannstraße, Kurfürstendamm, Küstriner Straße. Über Stock und Stein, über Stock und Stein. Auch hier ging's plötzlich nicht weiter. Trümmer, Qualm, Feuerwehr, Einsturzgefahr, es hatte keinen Zweck. Noch ein paar Schritte. Aus. Die Räume überm Haustor waren heruntergesackt. Der Schutt versperrte den Blick in den Hof. Der Sargdeckel war zugeklappt. Die Mama blickte ratlos um sich. Dann packte sie meinen Arm und sagte: »Bring mich zurück.«

Wieder zwei Stunden Fahrt. Unheimliches Gedränge. Autobus, Stadtbahn, U-Bahn, aussteigen, pendeln, umsteigen. Meine Befürchtung, der Anblick solcher Ruinenfelder wie etwa des Hansaviertels werde ihr Herz meinethalben mit neuer, stärkerer Angst erfüllen, erwies sich als unbegründet. Sie sah auch jetzt nicht links noch rechts. Wahrscheinlich schaute sie in den großen Wäscheschrank aus hellgrünem Schleiflack. In das Fach mit den Überschlaglaken, Betttüchern und Kopfkissenbezügen. In das Fach mit den sorgfältig gestapelten Oberhemden. In die Schachtel mit den exakt gefalteten Taschentüchern. Auf die säuberlich geschichteten Frottiertücher, Handtücher und Wischtücher.

Da waren auch noch die zwei nagelneuen Kamelhaardecken. Von Salzmanns. Und der dunkelbraune Bademantel vom Geburtstag vor zwei Jahren. Und das Silber. Für zwölf Personen. Stück um Stück nacheinander gekauft. Mein Junge, wissen Sie, hat eine Aussteuer wie ein heiratsfähiges Mädchen. Und jedes Jahr schenk' ich ihm etwas hinzu. Ja, selbstverdient, natürlich. Dreiundsiebzig werd' ich im April. Aber wenn ich ihm nichts mehr schenken könnte, würde mir das Leben keinen Spaß mehr machen. Er sagt zwar jedesmal, nun müßte ich endlich mit Arbeiten aufhören. Doch das lass' ich mir nicht nehmen. Schriftsteller ist er. Er darf aber nicht schreiben. Seine Bücher hat man verbrannt. Und nun die Wohnung ...

Als der Schnellzug anrückte, dunkelte es bereits. Ich lief eine Weile nebenher und winkte. Sie biß sich auf die Lippen und versuchte zu lächeln.

Dann fuhr ich wieder nach Charlottenburg. Neun

Stunden war ich insgesamt in Berlin herumgegondelt. Am Mantel fehlen zwei Knöpfe. Als ich am Stuttgarter Platz aus dem Omnibus kletterte, sagte jemand: »Es wird gleich Voralarm geben!« Da fing ich zu laufen an. Manchmal schlug mir der Wäschekarton gegen die Beine. In der Ferne heulte die erste Sirene. Das mußte Grunewald sein.

—— ERICH KÄSTNER (1944)

CABARET PARIS

Das *Cabaret Paris* befand sich jetzt in einem Keller in der Nähe des Alexanderplatzes, im russischen Sektor. Fritz Stumpf war nach wie vor Besitzer, jetzt mit russischer Lizenz. Stumpf war in den ersten Kriegstagen schwer verwundet worden. Ein zerschossener linker Arm brachte ihn für den Rest des Krieges nach Berlin zurück.

In den guten alten Zeiten vor und nach dem Ersten Weltkrieg hatte das *Cabaret Paris* seinem verstorbenen, vielbetrauerten Vater gehört. Es hatte sich damals in der Friedrichstraße befunden, inmitten jenes Viertels, wo das Nachtleben pulsierte, und es war ein Stammlokal von Theaterleuten und Schriftstellern gewesen.

Berlin war in jenen Jahren eine wundervolle, wilde, ruchlose Stadt. Eine schlüpfrige Boheme der Künstler, der freien Liebe, der Sexualität, und zugleich eine pompöse, aufgeblasen-wohlanständige Stadt mit der besten Oper und den besten Konzerten.

Hier entsprangen der unheimliche Charme des Mackie Messer und die heisere Stimme der Marlene Dietrich, die der Welt zum erstenmal mitteilte, sie sei von Kopf bis Fuß auf Liebe eingestellt. Es war das Berlin der unsterblichen Elisabeth Bergner und der Tilla

Durieux. Negerkapellen und Shimmytänzer und gewichtige Wagnersängerinnen trugen alle zu der magischen Mischung Berlin bei.

Es war das Berlin der Käthe Gold und der Rheinhardtschen Mirakelspiele. Fritz Stumpf erinnerte sich, wie sein Vater den Abgang der Juden von der Berliner Szene beklagte. Alle jene großartigen Impressarios und Virtuosen und feuersprühenden Journalisten waren fort. Sein Vater pflegte zu sagen, die Juden hätten Berlin viel von seinem Charme verliehen, so wie sie auch Wien seinen Charme gegeben hatten.

Nichtsdestoweniger mußte man mit der Zeit gehen. Um die Zeit, als Fritz das Lokal von seinem Vater übernahm, war es zu einem Treffpunkt der Nazis geworden, die versuchten, sich in das alte Kulturleben hineinzudrängen und hofften, etwas von ihm würde an ihnen haftenbleiben. Sie kamen aus den Ministerien der nahe gelegenen Wilhelmstraße ... und die alten Zeiten starben.

Als Stumpf am Anfang des Krieges mit seiner Verletzung zurückkehrte, erlebte Berlin noch einmal einen Augenblick lang den rastlosen, sensationslüsternen Pulsschlag der zwanziger Jahre. Dann wurde das *Cabaret Paris* ausgebombt, wie überhaupt ganz Berlin-Mitte, und Stumpf zog in ein geschützteres Kellerlokal um. Bei Kriegsende war das *Cabaret Paris* ein

Trümmerhaufen, aber Fritz Stumpf war ein schlauer Mann und paßte sich rasch wieder einmal den neuen Herren an.

Er verschaffte sich schnell Beziehungen zu höheren russischen Offizieren, erlangte eine Lizenz und brachte sein Haus in Ordnung. Drei russische Offiziere erhielten als Gegenleistung für gewährte Protektion Beteiligung am Geschäft, eine Vereinbarung, die sich für alle Beteiligten bezahlt machte. In der Nazizeit hatte er sich um die Bedürfnisse der Nazioffiziere gekümmert. Jetzt kümmerte er sich um seine russischen Freunde.

Fritz Stumpfs Mädchen waren jung und ausgesprochen nett und angenehm; denn der Wettbewerb, im *Cabaret Paris* arbeiten zu können, war scharf. Draußen war es kalt, und das *Cabaret Paris* war so warm wie die Villen und Betten der Besatzungsoffiziere.

Elke Handfest verdankte ihre anhaltende Beliebtheit der Tatsache, daß sie lustig und spaßig war, daß sie Erfahrung hatte und daß sie immer und überall mitmachte. Als sie sich wegen Hildegard an Stumpf wandte und ihm erklärte, sie sei etwas ganz Ungewöhnliches, erklärte er sich bereit, sie sich anzuschauen.

An der Eingangstür zum *Cabaret Paris* standen zwei Mann der amerikanischen Militärpolizei. Ein Schild verkündete: FÜR AMERIKANISCHES MILITÄR-

PERSONAL VERBOTEN. Das alles war Teil der Schaufensterdekoration für die zu Besuch weilenden hohen Tiere. In ein paar Tagen, wenn sie wieder abgefahren waren, wurde das Schild entfernt, und die Militärpolizei ging weg. Dann kam auch Oberst Hazzard auf dem Heimweg von den russischen Partys wieder auf einen Sprung herein und trank ein Glas Bier.

Hildegard ging die zehn Stufen in die Kellertiefe des Cafés hinab, und im ganzen Raum folgten die Blicke dem neuen Mädchen. Das Lokal war verraucht und laut und irgendwie aus nicht zusammengehörigen Tischen und Stühlen zurechtgeschustert. Die Barmädchen waren eng geschnürt, um ihre Busen besonders hervorzuheben, und die Mädchen, die auf der anderen Seite der Bar aufgereiht saßen, beobachteten eifersüchtig und besorgt diese ungeschminkte, engelhaft aussehende Konkurrentin in ihrer Mitte.

Eine nicht gerade gut eingespielte Kapelle spielte einen Operettenschlager aus den zwanziger Jahren und erhöhte den Mißklang durch die Verwendung eines arg verstimmten Klaviers, und die Mädchen tanzten miteinander, während sie auf Einladungen warteten.

Fritz Stumpf hatte auf einem Balkon wenige Stufen über dem Tanzboden seine eigene, private Nische. Hippold, ein ehemaliger deutscher Mittelgewichtsmeister und Stumpfs Leibwache, führte sie in das Separee.

Stumpf erhob sich, nahm Hildegards Hand, küßte sie und bat sie, Platz zu nehmen. Sie sah einen Mann vor sich, der in seinem üblichen Nadelstreifenanzug wie ein Hotelbesitzer der alten Schule aussah. Er trug ein Monokel und eine Krawattennadel mit einer Perle. Sein verkümmerter linker Arm lag ständig fest an seinem Körper an, die linke Hand steckte in einem schwarzen Lederhandschuh; und auf dem zweiten Finger saß ein ausgefallen riesiger Brillantring, ein Merkmal entweder großer Eitelkeit oder großer Verletzung.

Er sprach gedämpft, fragte sie sorgfältig aus, und Hilde gab gute Antworten. Sie kam offensichtlich aus einer guten Familie, war gepflegt, hatte gute Umgangsformen, war gut geschult. Ihr Körper schien nicht minder liebreizend zu sein als ihr Gesicht. Die einzige offene Frage war ihre Fähigkeit, mit Männern umzugehen. Elke versicherte ihm, wenn sie zusammenarbeiteten, werde sie Hilde das schon beibringen.

Während sie noch sprachen, drückte Hippold, die Leibwache, Stumpf mehrere Zettel in die Hand. Es hatten sich schon ein halbes Dutzend Gäste gemeldet, die Hilde kennenzulernen wünschten.

Ein Trommelwirbel ertönte, und ein aufgeregter Zeremonienmeister stellte Renate vor, eine untadelig hergerichtete Diseuse, die mit verträumten, geistesabwesenden Augen durch den schäbigen Raum blickte und dann zu schluchzen begann:

Berlin, Berlin, ich erkenne dich kaum wieder.
Wo ist dein ausgelassenes, leichtes Herz?
Wo sind die guten alten Lieder,
Du siehst so traurig aus ...

Elke nickte Hilde zu, und sie verabschiedeten sich und zogen sich in die zeitweilige Geborgenheit der Damentoilette zurück, setzten sich nebeneinander und frischten ihre Gesichter auf.

Hilde war höchst erstaunt. Sie hatte erwartet, daß Stumpf als der ›Chef‹ das neue Mädchen als erster ausprobieren würde.

»Ein faszinierender Mann«, sagte sie vorsichtig.

»Der Charme der alten Schule.«

»Hat er was mit einer Frau?«

»Er hat viele.«

»Ich hab' das Gefühl, er mag mich nicht.«

»Der halbe Arm ist nicht das einzige, was sie ihm im Krieg weggeschossen haben.«

Hilde wechselte das Thema. »Ich nehme an, wir sind vergeben.«

»Ja.«

»Und was ist mit unserer Bezahlung?«

»Sei nicht gleich so habgierig, Hilde. Stumpf hat dich als bezahlte Tanzpartnerin aufgenommen. Er kümmert sich schon um seine Mädchen. Denk daran, er befaßt sich nicht mit Geld, und es hat sein Gutes, wenn wir in die geschäftlichen Dinge nicht hineingezogen werden. Außerdem, wenn du ein gutes Mädchen bist, wirst du sehen, daß die Soldaten mit ihren Trinkgeldern sehr freigebig sind.«

Allein bei dem Gedanken daran wurde Hilde ganz übel. Sie war dankbar, daß Elke dabei war und ihr alles etwas erleichterte. Elke gab ihr mit etwas zuviel Zärtlichkeit einen Kuß. »Komm, gehen wir.«

Sie wurden zu zwei britischen Offizieren an den Tisch geführt.

Berlin, Berlin, ich könnte um dich weinen,
Einst warst du die schönste Stadt der Welt.

Die sentimentale Note saß. Renate brachte eine weitere Strophe über den Fall der geliebten Stadt.

Die beiden britischen Offiziere erhoben sich. Elke war beeindruckt von Hildes rascher Anpassungsfähigkeit. Der britische Major bot Hilde mit einer galanten Geste einen Stuhl an. Sie lächelte, als sei sie ein ganz kleines Mädchen und jemand habe ihr eine große, wunderschöne Puppe geschenkt.

»Wie nett von Ihnen, uns einzuladen«, sagte sie auf englisch. »Mein Name ist Hilde ... Hilde Diehl.«

Fritz Stumpf beobachtete die Szene. Es war das endlose Spiel, dem sein Vater und er schon tausendmal zugesehen hatten, und es faszinierte ihn immer wieder. Eine neue Königin war im Bienenstock erschienen, um ihre kurze und fruchtlose Regierung anzutreten. Es wird nicht lange dauern, und sie wird so gefragt sein, daß der Erfolg ihr den Kopf verdreht. Sie wird die Favoritin von Obersten und Generälen sein. Aber heutzutage gab es keine Mätressen großen Stils mehr, nur noch Prostituierte. Sie wird habsüchtig werden und anfangen, ihre eigenen Verabredungen zu treffen. Das versuchen sie immer.

Stumpf wollte sie gern für sich selbst, aber neue Mädchen haben immer noch einen gewissen Charakter und Stolz. Man konnte sie nicht sofort und auf der Stelle erniedrigen. Auf diese Weise ruinierte man nur ein gutes Pferd im Stall. Früher oder später würde sie sich selbst erniedrigen. Er würde geduldig warten, bis die harten Lebenstatsachen sie mürbe gemacht hatten.

So war es nun einmal! Früher, in den alten Zeiten, liebten Mädchen wie sie die Liebe und das Abenteuer. Im *Cabaret Paris* erscholl dröhnendes Gelächter und nicht diese sentimentalen Trauergesänge. Heutzutage konnten schöne Frauen nicht den gefährlichen Kanal durchschwimmen ... sie zerschellten unweigerlich an den Felsklippen.

Aber ... ohne mich, sagte er sich, würden sie sich auf den Straßen herumtreiben und es in den Trümmerhaufen für wertloses Besatzungsgeld tun.

Ein Zettel wurde hereingereicht. Das Geschäft ging heute gut. Eine Kiste Champagner für fünf Damen, die ins französische Offiziersquartier mitkamen.

—— LEON URIS

MEINE LÄNGSTE REISE

Ich habe schon allerhand Reisen gemacht, aber die längste Reise, die ich je gemacht habe, war eine Reise von der Untergrundstation Kaiserhof an den Nollendorfplatz. Ich werde Ihnen zu erklären versuchen, warum diese Reise so lang war. Es war vor etwa zehn Jahren, und ich war noch nicht so bedeutend wie jetzt. Wenn Sie mich jetzt treffen würden, so würden Sie einen Mann vor sich sehen, dem Sie nicht ohne weiteres ein Trinkgeld anbieten würden. Aber damals war ich ein sehr kleiner Mann, und an dem betreffenden Tag, wo ich am Untergrundbahnhof Kaiserhof einstieg, war nichts von meiner nachmaligen Großspurigkeit an mir zu bemerken. Man hatte mir eben irgendwo zu verstehen gegeben, daß man auf mein Vorhandensein in dieser Stadt keinen direkten Wert legte, man hatte es für unnötig gefunden, mir noch ein weiteres Mittagessen bei Aschinger zu finanzieren, und als ich in der Untergrundbahn saß, war in meinem Kopf eine eigentümlich leere Stelle, die ich nicht mehr ausfüllen konnte.

Es war Mittag, und die Bahn war vollgestopft mit Leuten. Schon am Gleisdreieck bekam ich einen Sitzplatz, das heißt, ich wurde förmlich hineingedrückt. Ich hätte mich aber mit aller Kraft wehren sollen, mich hinzusetzen, wie man gleich sehen wird, aber mit welcher Kraft? Ich saß und konnte nicht mehr aufstehen.

Ich saß und dachte an düstere Dinge, meine Miete, die nächsten Tage ohne Möglichkeiten usw., ich merke übrigens jetzt, wo ich dieses schreibe, plötzlich, daß ich schon gar nicht mehr weiß, was man in solchen Lagen denkt, ich kann also nur sagen, was ich gedacht haben werde, wenn ich dachte, was ich meistens denke: Man müßte einen freien Kopf haben, eine Zigarre in der liederreichen Fresse und die Füße etwas höher als die Sitzfläche und die Sachlage mit sich selber vertrauensvoll besprechen wie ein Mann mit dem andern. Und als die Station Nollendorfplatz kam, hatte ich nicht das Selbstbewußtsein, aufzustehen und den Zug zu verlassen.

Es standen da Leute vor meinen Knien, die ich hätte stören müssen, zerteilen, wie Moses das Rote Meer, große, starke und unüberwindliche Leute, die mich eben noch duldeten, weil sie nicht wußten, wer ich war, deren Geduld ein Geschöpf wie ich aber nicht erschöpfen durfte. Es wäre eine verhängnisvolle Frechheit gewesen, hier einfach aussteigen zu wollen, wo sie nicht ausstiegen, ich hätte mir alles weitere selbst zuschreiben müssen.

Ich blieb sitzen.

Ich blieb sitzen an dieser und an den nächsten Stationen, und ich blieb auch sitzen, als die Leute, die vor mir standen, schon längst ausgestiegen waren. Denn wozu noch jetzt aussteigen? Ich entfernte mich allerdings immer mehr von meinem Ziel, aber was war mein Ziel? War das ein Ziel?

Ich stieg aus an der Endstation, das war, glaube ich, der Reichskanzlerplatz, und ich ging zu Fuß zurück bis zum Nollendorfplatz, und ich kam immer noch viel zu früh an dort, denn mich erwartete dort sowenig Spaß wie woanders.

Übrigens wendete sich das Blättchen dann bald wieder, wie schon mehrmals vorher und mehrmals nachher, und vielleicht morgen wird sich wieder ein Blättchen wenden, aber jedenfalls heute habe ich noch das Gefühl, daß dies eine außerordentlich lange Reise war.

—— BERTOLT BRECHT

HAVELSONNTAG

Aus der blumenkastengeschmückten Kombüse des Hausboots tritt gähnend der Schiffer; die Morgensonne seift seinen Rostbart mit Gold. Er erledigt plätschernd, was ihn hinaustrieb, zerrt sich erfolglos den Harmonikahosenboden übers Gesäß und schlurft wieder ins schlafwarme Dunkel zur sanft sägenden Chefin zurück. Doch er muß die Tür noch einmal öffnen, einer seiner herabbaumelnden Hosenträger hat sich draußen verfangen. Ärgerlich zerrt er an dem Aufsässigen herum. Der läßt sich auf gute drei Meter verlängern, löst sich dann hämisch und schießt dem Schiffer schnalzend vors Herz.

Jetzt hat die Krähe auf der abgestorbenen Kiefer ihr Frühstück erspäht. Mit der hölzernen Gravität ihrer Rasse hüpft sie steifbeinig auf, der teerduftende Wind, mit Grüßen der Spree und der Nordsee beladen, und immer noch fähig zu tragen, er greift ihr unter die geklafterten Schwingen, und angewidert von ihrem provozierenden Schatten, den sie aufs unschuldig grüne Havelblau wirft, gleitet sie flügelschlaglos über die verräterisch aufblinkenden Fischleiber hin. Da, und jetzt reißt sie die Flügel überm Rücken zusammen, fährt steinschwer zum Flutspiegel nieder, zerbricht ihn profan, die Wasserscherben klirren schrill auf, und tief bohrt sich der Schreckstarren Plötze das Paar grindiger Schicksalsfänge ins Fleisch. Kein Wasserpolizist weit und breit, der diesen Frevel bestrafte; die Bläßhühner im Schilfgürtel haben mit sich selber zu tun, und der Haubentaucher, der jetzt schnittig über die Große Steinlake zieht und mit schiefgehaltenem Kopf mißbilligend der Krähe nachsieht, die ihren Fang in Richtung Kaiser-Wilhelm-Turm in Sicherheit bringt, er wird sich hüten, seiner Empörung offen Ausdruck zu geben, er weiß viel zu gut, daß es wichtiger ist, mit den Gesetzesübertretern als mit den Gesetzesbewahrern in Duldung zusammenzuleben; hat er im Frühling auf seinem frei schwimmenden Nest doch oft genug schon vor den Krähen gezittert.

Der Teerwind ist längst aufs andere Ufer, nach Hohengatow rübergesprungen, wo er über den tauglänzenden Dächern mutwillig die zwirbligen Rauchsäulen zerbricht. Jetzt schmeckt die Luft hier am Großen Fenster nach Meer und nach Schlick; auch rußiges Fernweh kommt einem leicht auf die Zunge; doch blickt man nach rechts, nach Pichelswerder hinauf, wo ein winziger Schlepper vier tiefliegende Kähne zu einem unmotivierten Sonntagsausflug havelabwärts animiert hat, dann erkennt man wieder einmal, daß Fernweh doch eigentlich immer auf Kosten des Nahliegenden geht; eine Binsenwahrheit, die man sich hier, an so einem Spätsommertag, gar nicht oft genug vorhalten kann.

Langsam wird es am Strand jetzt lebendig. Zeltklappen werden beiseite geschoben, ein schepperndes Aluminiumkochtopfgeklapper zertöppert die Stille, ein Karakulpudel kommt aus einem der tropfenglitzernden Zelte gesaust und jagt eine Watschelpatrouille allzu neugieriger Wildenten auf die amüsierte Seefläche hinaus, die dem kahlköpfigen Himmel, der wieder mal sein öliges Empfangs-Chef-Lächeln probiert, immer noch geduldig ihren Spiegel hinhält; und dann knattert auch der Außenbordmotor des ›Bananendampfers‹ auf; um die Nordostspitze von Schwanenwerder kurvt er herum, bis unter die pralle Persenning mit Schrippen, Liebesknochen, Kalten Küssen, Bockwürsten, Butterfingern und taufrischen Cola-Flaschen gefüllt. Denn Zelten strengt an, und so ein Havelsonntag, der will rumgebracht sein.

Der Arbeitslose in seinem abseits liegenden, ungeselligen Einmannzelt hat sich wieder auf den geplatzten Fahrradschlauch besonnen; gähnend, genauso wie er normalerweise um diese Zeit aus seinem Hinterhoffenster, Gesundbrunnen, Badstraße 117, auf die gegenüberliegende Brandmauer gestarrt hätte, starrt er jetzt aus seinem Zelt ungerührt über das blaue, mit weißen

Segelservietten garnierte Haveltischtuch hinweg, zerrt dann den Schlauch unterm sandigen Deckenlager hervor, pumpt ihn auf und hält ihn sich andächtig-konzentriert gegen die Lippen. Siehste, schon hat man den Schaden. Befriedigt beginnt er in seiner Fahrradtasche zu wühlen und weiß: vor diesem Sonntagvormittag braucht er keine Angst mehr zu haben, wenn man die Flickarbeit lange genug ausdehnt, kriegt man unter Umstanden sogar noch den Mittag mit rum.

Nun sind auch überall die Kofferradios zu hören; ein Cembalo-Konzert mischt sich brüderlich-nachsichtig mit der schmelzenden Stimme Rocco Granatas, ein Baß sagt dröhnend und dennoch ergriffen eine Ode von Weinheber auf, und am Ende des Zeltplatzes, hinter einem diskreten Weidengebüsch, ist ein älterer Herr mit zu weiten Badehosen, sommersprossigen Knien und einer blütenweißen Kapitänsmütze dabei, seiner vor ihm liegenden, beglückt glucksenden Dame zum Takt einer blechernen Grammophonpolka den Rücken mit Nivea zu cremen.

Im Grunewald oben kocht die Sonne indessen den Kieferndust gar. Die modisch grauen, dem Sandboden angepaßten Heuschrecken tanken noch einmal die Wärme; zögernd nur entschließen sie sich, wenn der Schatten der Sonntagsausflügler sie streift, zu einem mürrisch sirrenden Sprung, bei dem ihre brandrote

Unterseite aufglüht, daß man denkt, eine Hagebutte hat Flügel bekommen.

Tiefer im Wald, wo auch sonntags Schweigen auf dem Stundenplan steht, hämmert der Schwarzspecht eine Bekanntmachung fest: Den Ameisen wird aufgegeben, den Spaziergängern Ungelegenheiten zu machen. Das Pärchen, das sich vorhin im Bus kennengelernt hat und soeben Anstalten traf, sich nun auch bis zur Neige kennenzulernen, muß sich taumelnd wieder erheben; die Ameisen nehmen ihre Aufgabe ernst, sie halten auch vor der Liebe nicht an, und lachend und schimpfend richten sich die zwei wieder her, er nimmt die Aktentasche mit dem Stullenpaket, sie ihr Netz mit dem Schraubglas voll Kartoffelsalat, und Hand in Hand rennen sie jetzt durch die rostigen Stämme zur Havel hinab.

Die ist nun, bis zur Zonengrenze hinüber, dicht mit segelnden Sahneklecksen bedeckt. Vom Wannsee brandet das tausendstimmige Orgelkonzert des Strandbads herüber, Motorbootmesser zerschneiden die Flut in silbern schäumende Streifen, und hinter einem, die ganze Havel-Chaussee entlang, schnauzen die naturschwärmenden Autos ungeduldig die störenden Fußgänger an.

Aber nicht alles Grün und nicht alles Wasser Berlins gehört den Berlinern. Der Neuköllner hat sich den

Müggelsee nun schon seit fast zwei Jahrzehnten aus dem Sinn schlagen müssen und dort, wo man früher im Nauener Stadtforst Blaubeeren gesucht hat, wohnen auf den Hochsitzen jetzt schwerbewaffnete Volkspolizisten. Da bleibt es nicht aus, daß sich an der Havel hier jetzt die Autos auf die Schutzbleche zu treten beginnen, und die zu Fuß kommenden Nachzügler es schwer haben, am schmal bemessenen Strand noch einen Platz in der Sonne zu finden.

Im papiergirlandengeschmückten Bootsrestaurant spielt Karl Woitschachs Blasorchester donnernd das Glühwürmchenidyll. Die Musiktruhe dröhnt; doch das Kaffeetassengeklapper ist ebenso laut, man kann unbesorgt mitsingen beim Essen, niemand wird es bemerken, nicht einmal die, die es selber schon tun. Denn Paul Lincke macht fröhlich; und das ansichtspostkartenknallige Panorama der jetzt tiefblauen, segelgeschmückten Havel dazu, mit der langsam sinkenden Sonne, die die Kiefern am Westrand in lodernde Fackeln verwandelt, daß sie fast genauso heroisch-verkitscht wirken wie auf den Bildern Leistikows oft: da *muß* man ja einfach den eingerosteten Bariton aus dem Brustkasten kramen.

Draußen plätschern die Wellen ans schlickduftende Holz, und um einen sich auflösenden Brotkanten herum ist eine Schar diesjähriger Weißfischjugend versammelt und deckt sich schnappend, quirlend und drängelnd mit Abendbrotzutaten ein.

Im Anglerverein ›Klare Lanke‹ klappen nun schon die ersten Gerätkisten zu; die Männer vertauschen die Zeitungspapierhelme mit ihren Hüten, ihre Frauen ziehen die runtergerollten Nylons wieder über das Bein, wenden sich ab, verankern sie schicklich, und dann wird die Thermosflasche noch ausgespült unter der Leitung, die Angelstöcke kommen ins Futteral, das Futteral in die Kiste, Deckel zu, Schlüssel rum, und nun zieht man, Richtung Nikolassee, wohlig erschöpft durch den Wald und freut sich auf die Abendvorstellung im Stammkino, wo man sich bei Wochenschauparaden und Verbrecherjagden von den Strapazen dieses Sonntagsausflugs zu erholen gedenkt.

Nun ist es dem Waldkauz dunkel genug; er schüttelt sich lautlos, eine Flaumfeder löst sich aus seinem Gefieder und segelt wippend durch den unkrautüberwucherten Treppenschacht ins eingestürzte Kellergewölbe. Hinten, in der Jugendherberge, ächzt eine Harmonika auf. Der Waldkauz dreht den runden Kopf auf den Rücken und lauscht einen Augenblick rüber; dann aber trifft der Atem der Nacht sein Antennengehör und leise, als flöge er auf Zehen, gleitet seine Traumsilhouette über den Mond und über die verwilderten Gärten von Schwanenwerder dahin.

Die windstille Bucht der klaren Lanke ist mit schlafenden Segelbooten gefüllt. Die kahlen Maste ragen schaukelnd in den Nachthimmel auf, und was man für Positionslichter hielt, sind in Wirklichkeit Sterne gewesen. Die Möwen auf den Rändern der Boote haben den Kopf unter die Flügel geschoben, sie träumen von Meeresrauschen, Seehundsgebell und Barschkarbonade und nur, wie in einem der sanft erleuchteten Zelte am Strand mal eine Frauenstimme aufkreischt, zucken ein paar der träumenden Schneebälle zusammen, wechseln das Standbein und sinken aufatmend wieder zusammen.

Längst hat der Arbeitslose seinen Fahrradschlauch wieder geflickt: Das Vehikel ist heil, es lehnt im Zelt an einer der Stangen, der Mondschein bricht sich in den verchromten Pedalen, und durch das Strahlengestirn der Vorderradspeichen hindurch kann der Mann havelaufwärts die erleuchtete Heerstraßenbrücke und dahinter die lichtflimmernden Türme von Spandau erkennen.

—— WOLFDIETRICH SCHNURRE

NACHTSTÜCKE

Eine schwedische Reisegesellschaft betrachtet bei Wein und Stimmungsmusik ein Gewitter, das sich über dem Rhein aus Pappe entlädt. In bayerischen Lokalen blasen lederbehoste Berliner Musikanten, und die Stimmung erreicht rasende Höhepunkte. Im großen Tanzpalast mit Wasserspielen schreiben reisende Vertreter kleine Billets mit Rohrpost an Verkäuferinnen an anderen Tischen; die wollen gern einmal im Abendkleidchen tanzen, es gefällt ihnen aber nicht ein jeder.

In den feineren, in den derberen Etablissements, wo Damen die Herren zum Tanz auffordern dürfen, erwarten einsame Besucher der Stadt herzklopfend und nervös, daß sie zu einem Charleston, einem Cha-Cha-Cha gebeten werden.

Von Dachgartenrestaurants blickt man über die Fluten glitzernder Lichtpunkte, deren Ausdehnung West-Berlin kennzeichnet.

An der Straße des 17. Juni stehen in luftiger Reihe die kleinen Repräsentantinnen des käuflichen Liebesgewerbes, anmutig und chic, im rieselnd zarten Licht der Tiergartenlaternen.

Diebe und Einbrecher sind am Werk. Verstörte und Asoziale schleppen sich durch die Nacht.

Dunkle Typen gruppieren sich am Bahnhof Zoo und in der Joachimstaler Straße, redend in vielen Sprachen.

Im Zoologischen Garten schnaufen Bären in tiefem Schlaf. Strichjungen und Zuhälter streifen um die Rotunde am Savignyplatz.

Transvestiten schminken sich und setzen ihre Perücken auf. Eine Beat-Band spielt im Vorraum des avantgardistischen Theaters, uneingeladen, aus Spaß.

Haschisch kann man kaufen, Klümpchen gehen von Hand zu Hand. Der Musikautomat spielt einen Soul. Ein Mädchen weint beim Tanzen. Ein Junge kommt und trinkt das Bier des Fremden aus. Ein anderer Junge kommt und schnorrt eine Zigarette.

Rocker überlegen, ob sie einmal wieder Rabatz machen können und wo.

Säufer legen schwer den Kopf auf die Arme und schlafen eine Runde.

Linke Intellektuelle diskutieren mit gemäßigt linken Intellektuellen über Marx, Mao, Marcuse.

Ein Musikautomat spielt die Internationale, von großem Chor gesungen.

»Gehn wir flippern? Ja, gehn wir doch flippern! Wo denn?«

»Nein, wir wolln lieber kickern. Um doppelte Wodkas.«

»Dies ist ein Camaro aus seiner besten Zeit«, sagt einer und trinkt einen Cocktail dazu, den Blick auf die Wand, die eine Galerie-Wand ist. Die Galerie ist eine Nachtbar, offen bis zum Morgen.

»Das letzte Kotelett!« ruft ein Mann hinter der Theke einer Gammler-Kneipe aus.

Im bürgerlichen Lokal sitzt eine Gesellschaft im Smoking und Abendkleid. Man ißt Lachs, trinkt Sekt und spricht über die »Meistersinger«.

Im russischen Nachtlokal spiegelt sich Filetgulasch Stroganoff in der Spiegelfacettendecke. Eine alte russische Fürstin singt klagend etwas Russisches, stampfend mit den Füßchen ihr wohlerhaltenes Temperament anzeigend.

Ein Hermaphrodit, irgendwo in einer dunkelrot beleuchteten Bar, tanzt und entkleidet sich nach anfeuernder Musik. Auf den Barhockern sitzen derbe Jungen mit unreinem Teint und gucken glasig.

»Otto«, kreischt in bürgerlicher Bierrunde eine Frau, »du machst doch immer die besten Witze!« Otto lacht und bestellt geschmeichelt eine Runde doppelten Doppelkorn. Die Gesellschaft hat dicke Köpfe und dicke Nacken, rötlich glänzend. »Eklig«, sagen die Langhaarigen an einem anderen Tisch.

»Als ich noch unter Reinhardt spielte!« sagt ein Schauspieler und legt los. Junge Schauspieler hören ihm artig zu. In einem Vorortgarten werden Steaks und Würste gegrillt. »Es ist so einfach, sag einfach Ja«, beschwört ein gutaussehender Herr eine Dame, mit der er in einer Hollywoodschaukel sitzt. Sie blickt versonnen unter großem weißem Hut, ein Whiskyglas in der Hand.

Im Keller eines alten Hauses, in dem nur Künstler wohnen, drängen sich stehend Prominente und Bohemiens, Gläschen mit warmem Schnaps umklammernd.

»Hab' kein Geld mehr«, sagt ein Typ an einer Theke, »kannste mir 'n Zettel machen?« – »Nee. Hab' Anweisung: Du darfst hier keine Zettel mehr machen. Zahl erst die alten!«

Bei Kerzenlicht macht ein Oberkellner im Frack am Tisch eine Crêpe aux framboises auf Eis, flambiert. Dann geht der große Speisegenuß seinem Ende zu. Der Herr, der zu zahlen hat, legt ein paar Hunderter auf den Tisch.

In der Malerkneipe ist ein Happening zu Ende gegangen. Der Wirt selbst, in später ihm unerklärlichem Eifer, hat seine Stühle zerschlagen. Seine schöne Frau legt mild auf die erhaltenen Tische wieder die Decken aus alten Säcken. Die junge Blumenverkäuferin geht durch die Lokale und zeigt stumm ihre dunkelroten Baccarat-Rosen. Draußen im Wagen wartet der Chef. Er ist knurrig, wenn sie keine Rose verkauft hat.

»Nehmt mal diesen Hühnereintopf-Spezial! Das ist hier das Dollste!« – »Vorsicht, kommen Sie nicht mit diesen Marabufedern ins Kerzenlicht!« – »Der polnische Wodka ist hier billiger als anderswo!«

Es kommen die Stunden, da kein Bus, keine U-Bahn, keine Stadtbahn mehr fährt. Taxis fahren langsam am Straßenrand.

Man geht jetzt in jene Lokale, die mitternachts aufmachen und Leute erwarten, die anderswo nun doch nichts Warmes mehr zu essen bekamen. Da gibt es heute Grüne-Bohnen-Eintopf. Dazu ist es schön dunkel, und man kann noch tanzen. Im Korridor nach hinten hinaus küßt sich ein Paar besessen. Der Kellner, aus der Küche kommend, drückt sich diskret vorbei.

Herren ziehen in Herrentoiletten pikante Bildchen aus dem Automaten. Sie sind enttäuscht; was aber ist heute noch pikant?

Im internationalen Hotel werden Kopfschmerztabletten erbeten. Eine Dame verlangt Pfefferminztee und bekommt ihn. Oben im Dachgarten spielt noch die südamerikanische Kapelle. Ein Herr vorgerückten Alters zeigt mit durchgedrücktem Kreuz, wie erstklassig er noch tanzt.

Ein Kellnerschuh drückt auf das Gesäß eines Zechprellers und tritt ihn hinaus ins Freie. Die Seniorin des

Berliner Liebeskunstgewerbes sagt: »Na, noch 'n Klaren, dann will ick man ooch nach Hause.«

Grau liegt der S-Bahn-Steig im ersten grauen Morgenlicht. Die U-Bahn macht ihre Gitter wieder auf. Die Sonne schiebt sich hoch überm Brandenburger Tor, legt erste lange Strahlen über den Kurfürstendamm. In den Glasveranden war es nie ganz leer, jetzt kommen die ersten Frühstücksgäste. Damen betrachten bedrückt ihr Make-up im ersten Tageslicht und verschwinden, um sich noch einmal etwas herzurichten.

Der berühmte Kabarett-Transvestit tritt, umgezogen, aus seinem Lokal ins Morgenlicht, ein seriös aussehender älterer Herr, wohlbeleibt.

Ein junger Arbeiter sagt: »Ich hau' mich jetzt hin. Mach' heute 'n Blauen.«

»Wollt ihr bei mir noch 'ne Bohnensuppe essen?« fragt eine Dame lustig. Ja, man will noch. Die Nacht endet in einer lustigen Küche.

Die Blumenverkäuferin legt die Rosen, die übrigblieben, daheim in die Badewanne. Mit langen, starken Stielen schwimmen sie im kalten Wasser. So werden sie sich bis zur nächsten Nacht halten.

Im Zoologischen Garten schnaufen noch die Bären und schlafen sich tüchtig aus.

—— ANNEMARIE WEBER

FRÜHLING ÜBER BERLIN

Sonne klebt wie festgekittet.
Bäume tun, als ob sie blühn.
Und der blaue Himmel schüttet
Eine Handvoll Wolken hin.

Großstadtqualm statt Maiendüfte. –
Frühling über Groß-Berlin! –
Süße, wohlbekannte Düfte ...
Stammen höchstens von Benzin.

Durch den Grunewald lustwandelt
Eine biedre Keglerschar.
Eine Laute wird mißhandelt
Durch ein Wandervogelpaar.

—— MASCHA KALÉKO

171

FUSSNOTEN

1 »Diese ganz moderne Stadt Berlin macht doch, so schön
  sie auch ist, irgendwie einen unechten, unwahrhaftigen
  Eindruck; sie ist weder von der Geschichte des Landes noch
  vom Charakter ihrer Einwohner geprägt, und die einzige
  Bestimmung all dieser prächtigen neuen Gebäude scheint
  zu sein, als bequeme Versammlungsplätze zum Zwecke des
  Vergnügens oder des Gewerbes zu dienen.«

2 »Ober, die Karte«!

3 wie Musik über den Wassern!

QUELLENNACHWEIS

Wolf Biermann: Berlin, aus: Nachlaß 1, Köln 1977.

Bertolt Brecht: Meine längste Reise, aus: Werke. Große kommentierte Berliner und Frankfurter Ausgabe, Band 19, Frankfurt am Main 1997.

Alfred Döblin: Wiedersehn auf dem Alex, aus: Berlin Alexanderplatz, Olten 1961.

Felix Eberty: Berlins Vergnügungen [1830], aus: Berlin wie es war, Berlin 1919.

Hans Graf von der Goltz: Ein Abend in Berlin, © Kranich Verlag, Zollikon-Zürich.

F. W. Hardt: 'Ne dufte Stadt ist mein Berlin, aus: Heinrich Zille, Hofkonzert im Hinterhaus, Hannover o. J.

Gabriele Holst: Wiedervereinigung, aus: Kleine Geschichten aus Berlin, Stuttgart o. J. © bei der Autorin.

Urs Jaeggi: Skizzen aus einer Stadt, aus: Abends um Acht. Schweizer Autorinnen und Autoren. Herausgegeben von Beatrice von Matt und Michael Wirth, Zürich/Hamburg 1998, © beim Autor.

Erich Kästner: »Mama bringt die Wäsche« und »Besuch vom Lande«, aus: Gesammelte Schriften für Erwachsene, Band 1, Zürich 1969, © Erich Kästner Erben.

Mascha Kaléko: Frühling über Berlin, aus: Das lyrische Stenogrammheft, Hamburg 1956.

Marie Luise Kaschnitz: Rennen und Trödeln, aus: Atlas, zusammengestellt von deutschen Autoren, Berlin 1965.

Arnold Kübler: Die Ecke, aus: Das Herz, die Ecke, der Esel und andere Geschichten, Zürich 1944, © Ursula Vian-Kübler.

Hugo Loetscher: Tage in Prenzlauer Berg, aus: Abends um Acht. Schweizer Autorinnen und Autoren. Herausgegeben von Beatrice von Matt und Michael Wirth, Zürich/Hamburg 1998, © beim Autor.

Ulrich Plenzdorf: Singerstraße, aus: Legende vom Glück ohne Ende, Frankfurt am Main 1979.

Joachim Ringelnatz: Sehnsucht nach Berlin, aus: Und auf einmal steht es neben dir, Berlin 1950.

Joseph Roth: Der Kurfürstendamm, aus: Werke in vier Bänden, Amsterdam und Köln, 1975/1976.

Rolf Schneider: Grenzgänger, aus: Auskunft. Neue Prosa aus der DDR, Hamburg o. J.

Wolfdietrich Schnurre: Havelsonntag, aus: Ohne Einsatz kein
Spiel, Olten 1964.

Kurt Tucholsky: Berlin! Berlin! aus: Gesammelte Werke,
Reinbek 1960.

Leon Uris: Cabaret Paris, aus: Entscheidung in Berlin. Über-
setzung von Peter de Mendelssohn, München 1965.

Robert Walser: »Tiergarten« und »Friedrichstraße«, aus:
Das Gesamtwerk. Prosa, Zürich/Frankfurt am Main 1978,
© Carl-Seelig-Stiftung, Zürich.

Christa Wolf: Der Abschied, aus: Der geteilte Himmel, Berlin
und Weimar 1975.

Matthias Zschokke: Warum ich in Berlin lebe (leicht gekürzt),
aus: Abends um Acht. Schweizer Autorinnen und Autoren.
Herausgegeben von Beatrice von Matt und Michael Wirth,
Zürich/Hamburg 1998, © beim Autor.

Der Verlag dankt freundlich für die erteilten Abdruckgenehmi-
gungen. Trotz sorgfältiger Recherche war es ihm nicht möglich,
sämtliche Rechteinhaberinnen oder Rechteinhaber ausfindig
zu machen. Lizenz- und Honoraransprüche noch nicht urheber-
rechtsfreier Autorinnen und Autoren bleiben in jedem Fall ge-
wahrt. Der Verlag bittet daher, ihm entsprechende Ansprüche
mitzuteilen.

ISBN 978-3-85179-499-1

© 2022 by Thiele & Brandstätter Verlag GmbH, Wien

Herausgegeben von Johannes Thiele
Gestaltet und gesetzt von Christina Krutz
Gedruckt von GGP Media GmbH
Umschlagbild von Lesser Ury (1861-1931)

www.thiele-verlag.com

2. Auflage 2023